120 RECETTES À PARTAGER

Recettes de l'étudiant

SOLAR
EDITIONS

SOMMAIRE

COCONUT PANCAKES

POUR 4 PARTS • PRÉPARATION : 15 MIN • CUISSON : 20 À 30 MIN

Pour les pancakes tacos : 70 g de farine de noix de coco + 4 œufs + 24 cl de lait de coco 1 cuil. à soupe de sucre brun (ou ½ cuil. à soupe de miel) + 1 cuil. à café de bicarbonate de soude + huile de coco (ou beurre ou huile d'olive) + 1 pincée de sel
Pour la garniture : beurre d'amandes (ou d'arachides, de noisettes, etc.) + 2 bananes

❒ Dans un petit bol battez les œufs pendant 2 minutes, versez le lait de coco, puis ajoutez le sucre ou le miel.

❒ Mélangez dans un bol de taille moyenne la farine de noix de coco, le bicarbonate de soude et le sel. Incorporez le mélange humide au mélange sec.

❒ Faites fondre 1 noisette d'huile de coco dans une poêle chaude, versez une petite louche de pâte à pancake et laissez cuire 3 ou 4 minutes de chaque côté, jusqu'à ce que la pâte soit dorée.

❒ Étalez le beurre d'amandes sur le pancake et garnissez de quelques rondelles de banane. Servez immédiatement.

GRANOLA, FROMAGE BLANC ET KIWIS

POUR 4 PARTS • PRÉPARATION : 15 MIN • CUISSON : 10 MIN

400 g de fromage blanc + 2 cuil. à soupe de sucre roux + 40 g de flocons d'avoine
40 g de flocons de soja + 40 g de noisettes + 40 g de noix + 2 cuil. à soupe de cranberries
1 cuil. à soupe de graines de lin + 1 cuil. à soupe de graines de sésame + 4 kiwis

❒ Préchauffez le gril du four. Hachez grossièrement les noix et les noisettes. Étalez dans un moule antiadhésif les flocons d'avoine et de soja, les noix et les noisettes hachées, les graines de sésame et de lin. Saupoudrez de 1 cuillerée à soupe de sucre roux. Passez 6 minutes sous le gril, en mélangeant à mi-cuisson. Versez sur une assiette et laissez refroidir.

❒ Pelez les kiwis, coupez-les en dés. Mélangez le fromage blanc, les cranberries et 1 cuillerée à soupe de sucre roux.

❒ Répartissez le fromage blanc dans 4 coupelles. Ajoutez les dés de kiwi et le granola. Dégustez aussitôt.

CRÈME DE CHIA CHOCOLAT

POUR 1 BOL • PRÉPARATION : 10 MIN • REPOS : 1 NUIT

20 cl de lait végétal au choix + 2 cuil. à soupe de graines de chia
1 cuil. à soupe bombée de cacao cru en poudre

❒ Mettez tous les ingrédients dans un bol et mélangez bien avec une cuillère. Laissez reposer à température ambiante de 5 à 10 minutes, puis mélangez à nouveau, couvrez et placez au réfrigérateur pour quelques heures ou toute la nuit. La préparation va épaissir au froid, alors n'hésitez pas à rajouter du lait ou un autre liquide au moment de déguster. Garnissez avec des fruits de saison, des oléagineux, des herbes ou du granola.

TOASTS À L'AVOCAT ET À LA MANGUE

POUR 4 PARTS • PRÉPARATION : 15 MIN

4 tranches de pain au levain + 2 avocats bien mûrs + ½ mangue
1 cuil. à soupe d'huile d'olive fruitée + fleur de sel + poivre

❒ Faites griller légèrement les tranches de pain.

❒ Épluchez les avocats et la mangue. Retirez les noyaux puis émincez les fruits.

❒ Disposez les tranches d'avocat et de mangue sur le pain.

❒ Versez un filet d'huile d'olive sur chaque toast. Saupoudrez de fleur de sel et de poivre moulu. Servez immédiatement pour un petit déjeuner, un brunch ou un goûter.

PETIT DÉJEUNER MEXICAIN

POUR 4 PARTS • PRÉPARATION : 10 MIN • CUISSON : 3 MIN

500 g de haricots noirs cuits (en conserve, ou trempés la veille et cuits)
1 avocat + 1 mangue + ½ oignon rouge + 1 cuil. à soupe d'huile de coco
1 pincée de piment d'Espelette + 1 pincée de cumin en poudre + le jus de 1 citron vert
10 g de coriandre + 1 pincée de sel

- Épluchez et émincez l'oignon, l'avocat et la mangue. Ciselez la coriandre.
- Faites chauffer l'huile dans une poêle et ajoutez l'oignon, les haricots, le piment d'Espelette, le cumin et le sel. Faites cuire pendant 3 minutes.
- Transférez dans un bol avec l'avocat, la mangue et la coriandre, pressez le citron vert sur le mélange et servez.

SMOOTHIE BOWL ARC-EN-CIEL

POUR 1 PART • PRÉPARATION : 15 MIN

1 banane mûre + 100 g de yaourt de soja (ou, à défaut, 80 ml de lait d'amande, d'avoine ou de soja) + 1 cuil. à café de purée d'amandes blanches + 2 dattes moelleuses dénoyautées + 2 cuil. à café de graines (de lin, de courge, de tournesol, de sésame, de chia...) + fruits frais ou herbes de différentes couleurs, à volonté : rouge : fraises, framboises, groseilles... + orange : pêche, mangue, abricots... + jaune : banane, ananas, mirabelles... + vert : kiwi, menthe... + bleu : myrtilles, raisin... + violet : mûres, quetsches...

❐ Mixez la chair de la banane au blender avec le yaourt de soja, la purée d'amandes et les dattes jusqu'à l'obtention d'une préparation lisse et homogène.

❐ Versez le smoothie dans un bol et saupoudrez de graines au choix.

❐ Répartissez les fruits que vous avez choisis, préalablement lavés, équeutés, pelés et découpés en lamelles si besoin. Dégustez aussitôt.

BREAKFAST BURGERS

POUR 4 PARTS • PRÉPARATION : 5 MIN • CUISSON : 10 MIN

4 muffins + 16 tranches de bacon + 8 tranches d'emmental + 2 œufs
2 tomates coupées en tranches fines

❒ Faites cuire les œufs 6 minutes dans une casserole d'eau bouillante, puis plongez-les dans de l'eau glacée avant de les écaler.

❒ Faites griller le bacon dans une poêle antiadhésive bien chaude et les muffins dans un grille-pain.

❒ Déposez les tomates émincées sur 4 demi-muffins. Faites ensuite alterner les tranches de bacon avec les tranches de fromage. Déposez enfin 1 demi-œuf au jaune coulant et refermez le muffin.

BOUCHÉES AMANDE-PISTACHE

POUR 15 BOUCHÉES • PRÉPARATION : 30 MIN • CUISSON : 20 MIN
REPOS : 24 H

200 g de poudre d'amandes + 400 g de pistaches non salées + 1 jaune d'œuf + le jus de ¼ de citron + 500 g de sucre en poudre + 1 sachet de sucre vanillé

❒ Dans une casserole, mettez 2 verres d'eau, le sucre, le sucre vanillé et le jus de citron. Portez à ébullition, baissez à feu moyen et laissez cuire le sirop pendant 20 minutes : il doit simplement frémir. Mixez grossièrement les pistaches dans un robot.

❒ Mettez la poudre d'amandes dans un saladier. Ajoutez la moitié des pistaches concassées et le jaune d'œuf, puis mélangez. Versez petit à petit une partie du sirop sur le mélange afin d'obtenir une pâte ferme. Façonnez de petites boules de pâte.

❒ Remettez le reste de sirop sur feu modéré : de petites perles doivent se former à la surface. Trempez les bouchées dans ce sirop et roulez-les, à l'aide de deux fourchettes, dans le reste des pistaches concassées. Déposez les bouchées sur une grande assiette, couvrez-la d'un linge propre et laissez sécher 24 heures.

SABLÉS AUX PÉPITES DE CHOCOLAT

POUR 15 SABLÉS • PRÉPARATION : 10 MIN • CUISSON : 12 MIN

80 g de pépites de chocolat + 50 g d'amandes grillées concassées + 120 g de beurre
50 g de cassonade + 50 g de sucre + 190 g de farine + ½ sachet de levure chimique
1 œuf + 1 sachet de sucre vanillé + 1 pincée de sel

❒ Préchauffez le four à 180 °C (th. 6).

❒ Dans un saladier, mettez le beurre et les sucres. Fouettez 1 minute pour donner une consistance crèmeuse à l'ensemble. Ajoutez l'œuf et mélangez. Tamisez au-dessus la farine, la levure chimique, le sel et mélangez encore. Ajoutez les pépites de chocolat et les amandes grillées.

❒ Formez des boules à l'aide d'une cuillère à glace et déposez-les sur une plaque recouverte de papier sulfurisé en les espaçant.

❒ Enfournez pour 12 minutes environ.

CRACKERS

POUR 30 CRACKERS • PRÉPARATION : 15 MIN • CUISSON : 20 MIN

130 g de farine d'épeautre ou de seigle + 60 g d'huile + 25 g de flocons d'avoine
25 g de graines de sésame + 25 g de graines de tournesol + 25 g de graines de courge salées
1 cuil. à café de levure chimique + 1 pincée de sel

❒ Préchauffez le four à 180 °C (th. 6).

❒ Mélangez délicatement dans un saladier tous les ingrédients avec 12 cl d'eau jusqu'à l'obtention d'une pâte bien homogène. Séparez la pâte en deux. Étalez un des pâtons assez finement au rouleau, entre deux feuilles de papier sulfurisé. Coupez des rectangles de 7 × 5 cm dans la pâte à l'aide d'une roulette à pizza. Recommencez avec l'autre pâton.

❒ Déposez les crackers sur une plaque à pâtisserie recouverte de papier sulfurisé et enfournez pour 20 minutes. Laissez refroidir avant de servir avec du fromage, par exemple.

BARRES AUX GRAINES

POUR 8 BARRES • PRÉPARATION : 15 MIN • CUISSON : 30 MIN

130 g de flocons d'avoine + 50 g d'amandes + 25 g de noisettes + 3 cuil. à soupe de raisins secs + 4 cuil. à soupe bien pleines de graines de tournesol + 5 cuil. à soupe de graines de sésame + 4 cuil. à soupe bien pleines de graines de lin + 5 cuil. à soupe de miel extrait de vanille (selon votre goût)

❒ Faites tremper les raisins secs dans de l'eau. Préchauffez le four à 180 °C (th. 6). Tapissez deux moules à cake de papier sulfurisé.

❒ Concassez grossièrement les amandes et les noisettes. Mettez-les dans un saladier avec les flocons d'avoine et toutes les graines. Faites chauffer 15 cl d'eau et le miel avec quelques gouttes d'extrait de vanille afin de bien les diluer. Versez dans le saladier.

❒ Égouttez les raisins et ajoutez-les dans le saladier. Mélangez bien.

❒ Versez le tout dans les moules (sur une épaisseur de 1 cm environ). Lissez le dessus à l'aide d'une spatule ou du dos d'une grande cuillère. Mettez au four et laissez cuire 30 minutes. Sortez les moules du four, laissez refroidir 5 minutes.

❒ Démoulez les « gâteaux de graines » en laissant le papier sulfurisé dessus. À l'aide d'un couteau bien aiguisé, découpez des bandes de 3 cm de large environ. Laissez complètement refroidir avant de déguster.

BARRES DE CÉRÉALES ET CACAHUÈTES

POUR 8 BARRES • PRÉPARATION : 10 MIN • CUISSON : 30 MIN • REPOS : 30 MIN

180 g de flocons 5 céréales + 40 g de purée de cacahuètes + 120 g de cranberries
60 g de miel liquide + 50 g de sucre complet + 40 g d'huile de coco
2 cuil. à café de vanille en poudre

❐ Préchauffez le four à 180 °C (th. 6).

❐ Dans une petite casserole, faites chauffer à feu doux la purée de cacahuètes, l'huile de coco, le sucre et le miel. Mélangez doucement avec une cuillère en bois. Hors du feu, ajoutez le reste des ingrédients et mélangez bien. Versez dans un moule carré de 20 cm environ (ou équivalent rectangulaire) chemisé de papier sulfurisé et tassez bien. Enfournez pour 30 minutes.

❐ Sortez du four, laissez refroidir 30 minutes. Démoulez en soulevant le papier sulfurisé, puis découpez des barres.

COOKIES SANS GLUTEN À LA NOIX DE COCO

POUR 8 COOKIES • PRÉPARATION : 5 MIN • CUISSON : 10 MIN

150 g de farine de riz complet + 90 g d'huile de coco + 60 g de pépites de chocolat noir
75 g de sucre blond + 20 g de noix de coco râpée + 15 g de cacao en poudre
3 cuil. à soupe de lait végétal (au choix) + 1 cuil. à café de poudre de vanille
1 pincée de bicarbonate alimentaire + 1 pincée de sel

❒ Préchauffez le four à 180 °C (th. 6).

❒ Placez dans un saladier la farine de riz, le sucre, la noix de coco, le cacao, la vanille, le bicarbonate et le sel. Ajoutez le lait végétal ainsi que l'huile de coco légèrement ramollie. Mélangez la préparation à la cuillère en bois et incorporez-y les pépites de chocolat.

❒ Divisez la pâte en 8 morceaux, roulez-les entre vos mains et aplatissez-les légèrement avec votre paume. Disposez-les sur une plaque recouverte de papier sulfurisé.

❒ Enfournez pour 10 à 12 minutes : les cookies doivent être encore un peu mous. Laissez refroidir avant de déguster.

COOKIES MOELLEUX AUX DEUX CHOCOLATS

POUR 15 COOKIES • PRÉPARATION : 20 MIN • CUISSON : 20 MIN

RÉFRIGÉRATION : 1 H

250 g de farine + 100 g de sucre de canne blond + 50 g de sucre rapadura
140 g de beurre végétal + 100 g de chocolat noir + 100 g de chocolat au lait + 1 œuf + ½ cuil. à café de vanille + ½ cuil. à café de bicarbonate
¼ cuil. à café de sel

❒ Hachez grossièrement les chocolats et réservez. Mélangez dans un saladier les sucres avec le beurre ramolli. Ajoutez la vanille et l'œuf puis mélangez vigoureusement.

❒ Mélangez la farine tamisée, le sel et le bicarbonate dans un autre récipient. Incorporez la moitié de cette préparation dans le premier saladier et mélangez bien.

❒ Ajoutez en alternance le chocolat haché et le reste de farine, tout en mélangeant bien à chaque ajout, jusqu'à épuisement des ingrédients. Placez au réfrigérateur pendant 1 heure minimum.

❒ Préchauffez le four à 175 °C (th. 6). Recouvrez de papier sulfurisé une plaque allant au four. Sortez la pâte du réfrigérateur et formez des boules de taille moyenne (40 g environ) dans le creux de la main. Disposez-les sur la plaque en les aplatissant légèrement et en les espaçant.

❒ Lorsque la plaque est remplie, enfournez-la pour 8 à 10 minutes. Sortez les cookies du four lorsque le contour commence à foncer légèrement. Renouvelez l'opération jusqu'à ce qu'il n'y ait plus de pâte. Avant de déguster les cookies, laissez-les bien refroidir sur le papier sulfurisé : ils garderont tout leur moelleux.

COCONUT BREAD

POUR 1 CAKE • PRÉPARATION : 10 MIN • CUISSON : 45 MIN

240 g de farine de blé T65 ou T80 + 100 g de sucre de canne blond
100 g de noix de coco râpée + 80 g d'huile de coco + 30 cl de lait de coco + 2 œufs
2 cuil. à café de levure chimique

❒ Préchauffez le four à 180 °C (th. 6).

❒ Dans une petite casserole, faites fondre à feu doux l'huile de coco. Dans un saladier, mélangez tous les ingrédients secs. Dans un bol, fouettez les œufs avec l'huile de coco fondue et le lait de coco. Versez le mélange liquide sur le mélange sec et mélangez juste assez pour incorporer la farine : la pâte doit encore conserver quelques grumeaux.

❒ Chemisez un moule à cake de papier sulfurisé et versez-y la pâte. Enfournez pour 45 minutes. Surveillez la fin de la cuisson en piquant le gâteau avec la lame d'un couteau : elle doit ressortir sèche.

❒ Laissez tiédir avant de démouler.

❒ Vous pouvez verser la pâte dans des caissettes individuelles pour emporter partout ces mini cakes à la noix de coco. Dans ce cas, réduisez le temps de cuisson.

BARRES FRUITS ROUGES ET AVOINE

POUR 8 BARRES • PRÉPARATION : 20 MIN • CUISSON : 40 MIN • REPOS : 30 MIN

250 g de fruits rouges + 100 g de purée d'amandes + 80 g de flocons de sarrasin
70 g de farine de sarrasin + 50 g de farine de riz + 50 g de sucre complet + 1 œuf
1 gousse de vanille + huile pour le moule

❒ Préchauffez le four à 180 °C (th. 6).

❒ Fendez la gousse de vanille en deux et grattez l'intérieur avec la pointe d'un couteau pour récolter les graines.

❒ Mélangez les farines, le sucre, les flocons de sarrasin et les graines de vanille. Ajoutez la purée d'amandes, puis l'œuf battu. Mélangez bien.

❒ Huilez un moule carré de 15 cm environ (ou équivalent rectangulaire) et étalez la moitié de la préparation. Répartissez les fruits par-dessus et recouvrez avec le reste de la pâte.

❒ Étalez bien et enfournez pour 40 minutes.

❒ Laissez refroidir 30 minutes environ et coupez en barres individuelles.

SMOOTHIE ÉNERGIE

POUR 1 PART • PRÉPARATION : 10 MIN

1 banane pelée et coupée en morceaux + ¼ de mangue pelée et coupée en morceaux
10 cl de jus d'orange + 1 cuil. à café de germes de blé + 1 cuil. à café de poudre de maca

❐ Versez le jus d'orange dans un blender, ajoutez la banane et la mangue puis mixez.

❐ Ajoutez ensuite les germes de blé et la poudre de maca.

❐ Mixez quelques secondes et dégustez aussitôt.

SMOOTHIE À BOIRE ET À MANGER

POUR 1 PART • PRÉPARATION : 15 MIN

1 tasse de fraises, de myrtilles ou de fruits rouges congelés ou 1 poire mûre type comice
1 verre de lait de vache ou de lait d'avoine ou 1 yaourt + 1 cuil. à soupe de sucre de canne
½ tasse de flocons d'avoine + 1 tasse de corn flakes ou 1 poignée de noisettes
miel ou sirop d'agave (facultatif)

❐ Mixez le fruit de votre choix, coupé en morceaux, avec le sucre, le lait et la céréale de votre choix. Ajoutez du lait si le mélange vous paraît trop épais.

❐ Versez dans un bol et sucrez si besoin au miel ou au sirop d'agave. Buvez avec une grosse paille.

SMOOTHIE MYRTILLES

POUR 2 PARTS • PRÉPARATION : 5 MIN • RÉFRIGÉRATION : 2 H

400 g de myrtilles + 2 yaourts à 0 % MG + 2 cuil. à soupe de sirop d'érable

- Mixez dans un blender les myrtilles avec les yaourts.
- Ajoutez le sirop d'érable et mixez de nouveau.
- Réservez 2 heures au frais avant de servir.

GREEN SMOOTHIE

POUR 1 PART • PRÉPARATION : 5 MIN

30 g de petites feuilles d'épinards + 1 banane + 2 kiwis + 2 clémentines

❒ Lavez, équeutez et coupez en petits morceaux les feuilles d'épinards. Épluchez et coupez la banane et les kiwis en rondelles. Pressez les clémentines.

❒ Dans le bol d'un blender (ou d'un mixeur plongeant), déposez tous les ingrédients. Mixez bien jusqu'à obtenir un mélange homogène et ajoutez petit à petit 15 cl d'eau bien fraîche.

❒ Servez aussitôt.

GUACAMOLE

POUR 6 PARTS • PRÉPARATION : 10 MIN

1 avocat + 1 oignon nouveau + 5 tomates cerises + le jus de ½ citron vert + sel, poivre

❒ Pelez l'avocat, retirez le noyau. Écrasez-le avec une fourchette dans une assiette creuse, ajoutez le jus de citron vert, salez et poivrez.

❒ Lavez les tomates cerises et coupez-les en petits morceaux. Rincez et émincez l'oignon nouveau.

❒ Ajoutez l'oignon et les tomates au guacamole. Dégustez avec des crackers de sarrasin, par exemple.

TARTINADE DE POULET

POUR 6 PARTS • PRÉPARATION : 10 MIN • CUISSON : 15 MIN • RÉFRIGÉRATION : 2 H

2 blancs de poulet + 2 cuil. à soupe de fromage blanc à 0 % de MG + 1 cuil. à café de curry
2 cuil. à café de sésame + ½ cuil. à café de moutarde à l'ancienne
1 botte de coriandre + 1 échalote + sel, poivre

❒ Préchauffez le four à 200 °C (th. 6-7).

❒ Déposez les blancs de poulet dans un plat. Salez, poivrez, versez un peu d'eau dans le fond du plat et enfournez pour 15 minutes.

❒ Ciselez la coriandre. Pelez l'échalote et hachez-la finement. Coupez le poulet en morceaux.

❒ Mixez le poulet avec le fromage blanc, la moutarde, le curry, la coriandre et l'échalote. Ajoutez le sésame. Versez dans un récipient hermétique et réservez au frais pendant 2 heures.

❒ Servez sur les toasts de votre choix.

TARTINADE DE FÈVES À L'ORIENTALE

POUR 6 PARTS • PRÉPARATION : 25 MIN • CUISSON : 11 MIN

300 g de fèves surgelées + 1 petite courgette lavée et coupée en dés + 1 oignon pelé et haché + 1 gousse d'ail pelée et hachée + 1 pincée de cumin + 1 pincée de cannelle 1 pincée de piment + 1 cuil. à café d'huile d'olive + 5 brins de persil plat rincés, effeuillés et hachés + 5 brins de coriandre rincés, effeuillés et hachés + sel, poivre

❒ Faites cuire les fèves 8 minutes à l'eau bouillante salée, égouttez-les et enlevez leur peau.

❒ Étalez les dés de courgette sur une assiette, couvrez de film alimentaire et faites cuire 3 minutes au micro-ondes, puis égouttez-les.

❒ Versez les fèves, les dés de courgette, l'ail, l'oignon et les épices dans un blender. Mixez quelques secondes pour obtenir un mélange lisse.

❒ Ajoutez à la purée de fèves l'huile d'olive et les herbes hachées. Salez et poivrez. Servez frais.

RILLETTES DE MAQUEREAU

POUR 4 PARTS • PRÉPARATION : 5 MIN • CUISSON : 2 MIN

500 g de filets de maquereau sans arêtes + 1 cuil. à soupe de graines de coriandre
1 échalote + ⅓ de botte de menthe + ⅓ de botte de persil + ½ baguette de pain
3 cuil. à soupe d'huile d'olive + sel, poivre

❒ Faites chauffer une casserole avec un fond d'eau et plongez-y les filets de maquereau. Faites cuire 2 minutes à frémissement, égouttez et laissez tiédir.

❒ Épluchez l'échalote. Mixez rapidement les graines de coriandre, l'échalote, la menthe et le persil effeuillés avec l'huile d'olive. Attention à ne pas trop mixer.

❒ Mélangez le poisson cuit à la préparation, salez et poivrez.

❒ Coupez le pain en tranches et faites-le toaster au grille-pain.

❒ Servez les rillettes avec les tranches de pain toastées.

TAPENADE D'ARTICHAUTS

POUR 4 PARTS • PRÉPARATION : 10 MIN

1 boîte de cœurs d'artichaut (240 g égouttés environ) + 5 cl d'huile d'olive
3 gousses d'ail + 1 cuil. à soupe de jus de citron + sel, poivre

❒ Épluchez et écrasez les gousses d'ail.

❒ Dans le bol d'un robot mixeur, mettez les cœurs d'artichaut égouttés, l'huile d'olive, les gousses d'ail et le jus de citron. Salez et poivrez à votre convenance.

❒ Mixez quelques minutes jusqu'à ce que la tapenade soit bien lisse.

❒ Servez à température ambiante avec du pain grillé.
La tapenade d'artichauts se conserve 3 jours environ au réfrigérateur.

CHIPS DE KALE

POUR 4 PARTS • PRÉPARATION : 5 MIN • CUISSON : 10 MIN

100 g de chou kale (3 feuilles) + 1 cuil. à soupe d'huile d'olive + 1 cuil. à café de gomasio

- Lavez les feuilles de chou kale et retirez la tige dure centrale.
- Versez l'huile d'olive dans un saladier et ajoutez-y les feuilles de kale découpées grossièrement ; malaxez bien le tout à la main pour assouplir le chou.
- Déposez les feuilles de kale sur une plaque recouverte de papier sulfurisé.
- Enfournez pour 10 minutes à 175 °C (th. 6), jusqu'à ce que les feuilles commencent à dorer (elles ne doivent pas griller). Laissez refroidir quelques minutes, saupoudrez de gomasio et servez aussitôt.

PANADILLAS AU BŒUF HACHÉ

POUR 6 PARTS • PRÉPARATION : 20 MIN • CUISSON : 20 MIN

1 boîte de 12 panadillas (chaussons de blé) + 1 oignon + ½ poivron rouge + ½ poivron vert
450 g de bœuf haché + 1 cuil. à soupe de paprika + 1 cuil. à soupe de gingembre frais
½ cuil. à café de curcuma + 30 cl de sauce tomate + ½ botte de coriandre
2 poignées de fromage râpé + un peu d'huile d'olive pour la cuisson + sel, poivre

❐ Faites chauffer 5 cuillerées à soupe d'huile d'olive dans une poêle, ajoutez l'oignon émincé, les poivrons épépinés et coupés en morceaux, le sel, le poivre et mélangez. Laissez cuire 5 minutes à feu doux.

❐ Ajoutez ensuite le bœuf haché et mélangez. Ajoutez les épices, puis la sauce tomate et la coriandre effeuillée. Laissez cuire à feu doux 5 minutes en mélangeant.

❐ Préchauffez le four à 180 °C (th. 6).

❐ Disposez les panadillas sur une plaque à four, remplissez-les de garniture et parsemez-les de fromage râpé. Enfournez pour 10 minutes.

❐ Servez et dégustez.

MINI-QUICHES SANS PÂTE

POUR 10 QUICHES • PRÉPARATION : 5 MIN • CUISSON : 25 MIN

100 g de bacon émincé (ou d'allumettes de bacon) + 3 œufs + 20 cl de crème liquide légère + ½ cuil. à café de muscade moulue

- Préchauffez le four à 180 °C (th. 6) en mode chaleur tournante.
- Dans un bol, battez les œufs, la crème et la muscade.
- Répartissez le bacon dans des moules à muffins légèrement huilés (sauf s'ils sont en silicone). Versez le mélange œufs-crème sur le bacon. Enfournez pour 25 minutes environ.
- Servez avec une salade ou un bol de soupe.

CROISSANTS AU THON

POUR 6 PARTS • PRÉPARATION : 10 MIN • CUISSON : 18 MIN

1 pâte feuilletée + 1 oignon haché + 140 g de thon égoutté
quelques gouttes de jus de citron + 2 cuil. à soupe de St Môret
2 cuil. à soupe de ciboulette hachée + sel, poivre
Pour la dorure : 2 cuil. à soupe de lait + 1 jaune d'œuf

❒ Préchauffez le four à 180 °C (th. 6).

❒ Mettez dans un saladier l'oignon haché, le thon égoutté, une pincée de sel, du poivre, le jus de citron, le St Môret et la ciboulette, mélangez le tout à l'aide d'une fourchette.

❒ Découpez la pâte feuilletée en 12 petits triangles.

❒ Déposez 1 belle cuillerée à soupe de farce sur la partie la plus large des triangles et roulez-les, puis pincez les deux extrémités pour former des croissants.

❒ Déposez les croissants sur une plaque à four et badigeonnez-les avec la dorure (lait et jaune d'œuf battus). Enfournez pour 18 minutes environ.

BOULETTES DE POLENTA

POUR 4 PARTS • PRÉPARATION : 35 MIN • CUISSON : 15 MIN

250 g de polenta « instantanée » + 125 g de parmesan râpé + 1 boule de mozzarella coupée en petits morceaux + 15 olives noires dénoyautées + 1 branche de romarin + 1 l d'huile de friture + sel, poivre du moulin

❒ Faites cuire la polenta en suivant les instructions notées sur le paquet.

❒ Dès la fin de la cuisson, ajoutez le parmesan, la mozzarella et les olives noires coupées en petits morceaux, ainsi que le romarin ciselé. Salez, poivrez et mélangez.

❒ Étalez le mélange dans un plat sur 4 à 5 cm d'épaisseur.

❒ Laissez refroidir en surveillant : le mélange doit descendre à une température permettant la manipulation. S'il est trop froid, il deviendra trop dur pour être façonné en boulettes.

❒ Formez des boulettes de taille moyenne.

❒ Faites chauffer l'huile de friture et faites frire les boulettes jusqu'à ce qu'elles soient bien dorées. Déposez-les sur du papier absorbant et servez avec des piques en bois.

COOKIES AU CHÈVRE ET AU THYM

POUR 15 COOKIES • PRÉPARATION : 15 MIN • CUISSON : 15 MIN

180 g de farine + 90 g d'amandes effilées + 150 g de crottin de chèvre râpé grossièrement
4 tiges de thym effeuillées + ¼ de cuil. à café de fleur de sel + 1 cuil. à soupe d'huile d'olive
60 g de beurre fondu + 12 cl de lait

❒ Préchauffez le four à 180 °C (th. 6). Mélangez la farine, la fleur de sel, les amandes, le chèvre et le thym dans un saladier.

❒ Fouettez ensemble l'huile, le beurre et le lait, puis versez-les dans le saladier. Mélangez jusqu'à obtenir une boule homogène.

❒ Prélevez des noix de pâte de 30 g environ, aplatissez-les pour leur donner la forme de cookies et déposez-les sur une plaque recouverte d'une feuille de papier sulfurisé.

❒ Enfournez pour 15 minutes, puis laissez-les refroidir sur une grille.

POULET FRIT FACILE

POUR 4 PARTS • PRÉPARATION : 15 MIN • CUISSON : 2 MIN

2 filets de poulet + 3 blancs d'œufs + 3 gouttes de jus de citron + 1 pincée de curcuma
1 cuil. à café de sucre + 2 cuil. à soupe de farine + 1 cuil. à café de sel + huile de friture

- Mettez l'huile de friture à chauffer à 160 °(th. 6).
- Dans un saladier, montez les blancs d'œufs en neige avec le jus de citron, le sel, le curcuma et le sucre. Réservez.
- Coupez les filets de poulet dans la longueur, en aiguillettes, ajoutez-y la farine et mélangez.
- Trempez les aiguillettes de poulet dans les blancs en neige et faites-les cuire 2 minutes environ dans la friture.
- Servez, si vous le souhaitez, avec une mayonnaise ou du ketchup.

TARTE TOURNESOL

POUR 6 PARTS • PRÉPARATION : 40 MIN • CUISSON : 35 MIN

Pour la pâte : 500 g de farine + 20 cl de vin blanc + 9 cl d'huile d'olive
2 cuil. à soupe de graines de tournesol + 1 cuil. à café de sel
Pour la farce : 300 g de pousses d'épinards + 300 g de ricotta + 50 g de tomme de brebis
1 œuf + 2 gousses d'ail ou 8 tiges d'ail des ours (ail frais) + 2 cuil. à soupe de chapelure
1 cuil. à soupe d'huile d'olive + sel, poivre
Pour la dorure : 1 jaune d'œuf

❒ Mélangez dans le bol d'un robot la farine, le vin blanc, l'huile d'olive et les graines de tournesol. Salez et mélangez jusqu'à l'obtention d'une boule de pâte homogène. Divisez la pâte en 2 boules de poids égal. Étalez chaque boule de pâte entre 2 feuilles de papier sulfurisé. Réservez au réfrigérateur.

❒ Préchauffez le four à 180 °C (th. 6).

❒ Pelez et dégermez l'ail, émincez-le. Faites chauffer l'huile d'olive dans une sauteuse, ajoutez les pousses d'épinards hachées et l'ail, salez, poivrez et laissez fondre 2 minutes à feu vif.

❒ Dans un saladier, mélangez les épinards avec la ricotta, l'œuf battu et la tomme de brebis râpée. Salez et poivrez.

❒ Déposez une abaisse de pâte sur une plaque tapissée de papier sulfurisé et parsemez-la de chapelure. Mettez une boule de farce aux épinards au centre de la pâte. Disposez le reste de la farce en forme d'anneau sur les pourtours de la pâte. Recouvrez du second disque de pâte. Soudez les bords des 2 disques de pâte à l'aide d'une fourchette.

❒ Placez un petit bol au centre de la pâte (recouvrant la boule de farce) et piquez-en le tour avec une fourchette. Découpez une vingtaine de parts en allant du bol jusqu'aux bords de la pâte. Tournez chaque part d'un quart de tour pour former les pétales du tournesol.

❒ Dorez la pâte avec le jaune d'œuf à l'aide d'un pinceau, puis enfournez pour 30 minutes ou jusqu'à ce que la tarte soit bien dorée. Servez tiède ou à température ambiante.

CHAUSSONS FOURRÉS À LA VIANDE

POUR 4 PARTS • PRÉPARATION : 40 MIN • CUISSON : 25 MIN

150 g de bœuf haché + 1 oignon + 1 gousse d'ail + ½ bouquet de persil + 1 œuf
70 g de beurre ou de margarine + 3 cuil. à soupe de lait + 150 g de farine + un peu pour le plan de travail + 1 pincée de quatre-épices + 1 cuil. à soupe d'huile + sel, poivre

❒ Versez la farine dans un saladier. Ajoutez 1 pincée de sel et le beurre (ou la margarine) coupé en dés. Mélangez du bout des doigts pour obtenir une pâte sableuse. Ajoutez un tiers de verre d'eau et formez une boule sans travailler la pâte trop longtemps. Couvrez de film étirable et placez au frais.

❒ Préchauffez le four à 180 °C (th. 6). Pelez l'oignon et l'ail, puis hachez-les. Rincez et séchez le persil, puis hachez-le. Faites chauffer l'huile dans une sauteuse. Ajoutez le hachis d'ail, d'oignon et de persil, et le bœuf. Salez, poivrez et faites dorer à feu vif 5 minutes en mélangeant. Laissez tiédir. Ajoutez l'œuf et le quatre-épices, et mélangez.

❒ Sortez la pâte du réfrigérateur et étalez-la sur le plan de travail fariné. Découpez des disques de 12 cm de diamètre à l'aide d'un emporte-pièce ou d'un bol. Garnissez chaque disque de 2 cuillerées de farce, puis repliez-les en soudant les bords avec un peu d'eau. Placez les chaussons sur une plaque à pâtisserie.

❒ Pratiquez une petite incision sur chaque chausson et badigeonnez-les de lait. Enfournez pour 20 minutes et dégustez chaud.

SUCETTES TOMATE CERISE

PRÉPARATION : 10 MIN

2 cuil. à soupe de sucre glace + 1 pincée de paprika doux + 1 cuil. à café de jus de citron quelques gouttes de vinaigre + 12 tomates cerises + vermicelles en sucre pour décorer

❒ Mélangez le sucre, le paprika, le jus de citron et le vinaigre. La consistance doit être assez épaisse.

❒ Piquez les tomates cerises sur des piques en bois et trempez-les dans le glaçage, puis dans les vermicelles. Idéal pour grignoter léger à l'apéro !

FOCCACIAS AUX CHIPOLATAS

POUR 4 PARTS • PRÉPARATION : 20 MIN • CUISSON : 20 MIN

2 pains focaccias + 4 chipolatas + 1 oignon émincé + 1 poivron vert émincé
quelques brins de thym + 1 poignée de tomates cerises + 1 poignée de billes de mozzarella
huile d'olive + sel, poivre

❒ Préchauffez le four à 180 °C (th. 6).

❒ Faites chauffer l'huile dans une poêle, puis déposez-y les chipolatas coupées en rondelles. Faites-les colorer sur feu doux.

❒ Ajoutez l'oignon, le poivron, salez et poivrez légèrement, ajoutez le thym effeuillé. Laissez cuire 4 minutes environ.

❒ Sur une plaque de cuisson, déposez les focaccias, répartissez la garniture dessus, ajoutez les billes de mozzarella coupées en deux et les tomates cerises. Parsemez d'une pincée de poivre.

❒ Enfournez-les pour 10 minutes.

BOULETTES AU FROMAGE

POUR 4 PARTS • PRÉPARATION : 10 MIN

150 g de fromage de chèvre frais + 30 g de chiffonnade de jambon cru + 20 g de parmesan râpé finement + 20 g de pistaches hachées + quelques feuilles de basilic + 1 cuil. à café d'huile d'olive + 20 tomates cerises + poivre du moulin

❒ Taillez le jambon et le basilic très finement.

❒ Écrasez à la fourchette le chèvre frais et incorporez les trois quarts du jambon, le parmesan et le basilic.

❒ Versez un filet d'huile d'olive et poivrez. Mélangez bien. Formez 20 boulettes de la taille d'une petite tomate cerise.

❒ Mélangez les pistaches concassées et le jambon restant, roulez chaque boule dans ce mélange.

❒ Enfilez une tomate cerise et une boulette sur une pique. Recommencez jusqu'à épuisement des ingrédients.

TARTINES AU FROMAGE BLANC ET À LA CIBOULETTE

POUR 4 PARTS • PRÉPARATION : 10 MIN

½ botte de ciboulette + 1 petite botte de radis + 400 g de fromage blanc battu
4 tartines de pain très frais + sel, poivre du moulin + huile d'olive

❒ Lavez et ciselez la ciboulette en conservant quelques brins entiers pour la décoration. Nettoyez et coupez les radis en rondelles.

❒ Dans un bol, assaisonnez le fromage blanc avec la ciboulette ciselée, du poivre et du sel. Mélangez bien et réservez au frais jusqu'au moment de servir.

❒ Étalez très généreusement le fromage blanc sur chaque tartine. Parsemez de rondelles de radis et de brins de ciboulette.

❒ Ajoutez quelques gouttes d'huile d'olive sur les tartines.

HOUMOUS DE LENTILLES CORAIL, COCO ET CURRY

POUR 6 PARTS • PRÉPARATION : 10 MIN

200 g de lentilles corail cuites + 50 g de yaourt au lait de coco
1 cuil. à soupe d'huile de coco + 1 cuil. à soupe de curry en poudre + 1 cuil. à soupe de tahini
le jus de ½ citron + 1 pincée de sel

❒ Mixez dans un blender les lentilles cuites.

❒ Incorporez le yaourt, le curry, le jus de citron, le tahini et le sel, puis mixez à nouveau.

❒ Faites fondre l'huile de coco si elle est solide, puis ajoutez-la dans le blender au dernier moment.

❒ Mixez jusqu'à obtenir une texture crémeuse et homogène.

BRUSCHETTAS TOMATE, MOZZARELLA, PARMESAN

POUR 4 PARTS • PRÉPARATION : 5 MIN • CUISSON : 10 MIN

4 tranches de pain + 2 boules de mozzarella coupées en fines tranches
3 petites tomates (de couleurs différentes) + 1 cuil. à soupe de copeaux de parmesan
1 cuil. à café d'huile d'olive + poivre

❒ Faites griller le pain. Préchauffez le four à 210 °C (th. 7).

❒ Disposez les tranches de mozzarella sur le pain grillé.

❒ Passez-les au four 10 minutes.

❒ Coupez les tomates en cubes, puis disposez-les sur le pain.

❒ Parsemez de copeaux de parmesan, versez un filet d'huile et poivrez.

POKE BOWL AU THON

POUR 4 PARTS • PRÉPARATION : 15 MIN • MARINADE : 30 MIN
CUISSON : 10-20 MIN (SELON LE TYPE DE RIZ)

200 g de thon extra-frais + 1 avocat + le jus de ½ citron + 1 petit oignon rouge doux
50 g de jeunes pousses (épinards, roquette...) + ½ verre de riz (plutôt semi-complet)
1 cuil. à soupe de vinaigre de riz + 1 cuil. à soupe de ciboulette ciselée + graines de sésame
Pour la marinade : 2 cuil. à soupe de sauce soja salée + quelques gouttes d'huile de sésame
2 cm environ de gingembre frais pelé et râpé

❒ Préparez la marinade du thon : mélangez la sauce soja, l'huile de sésame et le gingembre dans un bol. Découpez le thon en cubes de taille moyenne (un peu plus gros qu'un tartare). Mettez le thon dans la marinade, mélangez bien et laissez mariner 30 minutes au frais.

❒ Faites cuire le riz en suivant les indications portées sur l'emballage et égouttez-le, versez-le dans un saladier et arrosez-le tant qu'il est encore chaud avec le vinaigre de riz. Mélangez et laissez refroidir à température ambiante.

❒ Lavez les jeunes pousses. Pelez l'oignon rouge et émincez-le. Pelez et dénoyautez l'avocat, puis coupez-le en dés moyens (de la taille des morceaux de thon à peu près) et versez le jus de citron dessus.

❒ Dressez : dans chaque bol, mettez 3 cuillerées à soupe de riz cuit, déposez la moitié des morceaux de thon dessus, ainsi que la moitié de l'avocat et des jeunes pousses. Ajoutez un peu d'oignon rouge, des graines de sésame et de la ciboulette ciselée.

SALADE DE QUINOA AUX CREVETTES

POUR 2 PARTS • PRÉPARATION : 10 MIN • MARINADE : 10 MIN • CUISSON : 15 MIN

60 g de quinoa + 300 g de crevettes cuites + ¼ de chou blanc + 100 g de maïs en boîte (poids égoutté) + 60 g de mâche + 1 avocat + 1 citron + 1 cuil. à soupe d'huile d'olive 1 cuil. à soupe de coriandre ciselée

Pour la sauce : 3 cuil. à soupe de vinaigre de cidre + 3 cuil. à soupe d'huile d'olive 1 cuil. à café de moutarde à l'ancienne + 1 cuil. à café de cumin en poudre

❐ Décortiquez les crevettes, coupez-les en 2 ou 3 morceaux selon leur taille. Mettez-les dans un bol avec le jus de la moitié du citron, l'huile d'olive et la coriandre ciselée. Laissez mariner au frais pendant 10 minutes.

❐ Rincez le quinoa et faites-le cuire 10 minutes dans de l'eau bouillante. Rincez et égouttez.

❐ Ôtez la peau et le noyau de l'avocat, coupez-le en morceaux et arrosez tous les morceaux du jus de l'autre moitié du citron.

❐ Coupez la base des feuilles de mâche si elles ont encore leurs racines. Rincez les feuilles. Râpez le chou blanc à la mandoline ou au robot avec l'éminceur.

❐ Répartissez les ingrédients dans 2 bocaux, dans l'ordre suivant : quinoa, chou blanc, maïs, avocat, crevettes, mâche. Fermez le bocal et conservez au frais maximum 24 heures.

❐ Préparez la sauce : dans un bol, mettez le vinaigre, la moutarde et le cumin. Émulsionnez 1 minute à la fourchette. Incorporez l'huile et émulsionner de nouveau. Mettez la sauce dans un récipient à part et assaisonnez la salade au dernier moment ou juste avant de partir le cas échéant. Consommez directement dans le bocal ou dans une assiette.

SALADE TEX-MEX

POUR 4 PARTS • PRÉPARATION : 15 MIN • CUISSON : 13 MIN

100 g de quinoa rouge + 250 g de haricots rouges en boîte + 150 g de maïs doux en boîte
½ oignon rouge + 1 avocat + 2 tomates + 1 piment doux vert + 1 piment doux rouge
Pour la sauce : 1 citron + 4 cuil. à soupe d'huile d'olive + 2 cuil. à soupe de vinaigre de cidre
1 cuil. à soupe de coriandre ciselée + sel, poivre

❒ Faites cuire le quinoa 13 minutes dans l'eau bouillante. Égouttez-le et rincez-le à l'eau froide.

❒ Égouttez et rincez les haricots rouges et le maïs. Pelez et émincez l'oignon rouge. Épépinez les tomates et les piments, puis coupez-les en dés. Pelez et dénoyautez l'avocat et coupez-le en gros dés. Mélangez bien tous ces ingrédients.

❒ Préparez la sauce : pressez le citron et mélangez le jus avec l'huile d'olive, le vinaigre de cidre, la coriandre, un peu de sel et de poivre.

❒ Assaisonnez la salade et dégustez.

SALADE DE RIZ AU THON

POUR 4 PARTS • PRÉPARATION : 10 MIN • CUISSON : 10 MIN

240 g de riz + 120 g de thon à l'huile (poids égoutté) + 10 tomates cerises + 10 olives vertes dénoyautées + ¼ de concombre + 150 g de maïs en boîte (poids égoutté) + sel
Pour la sauce : 3 cuil. à soupe d'huile d'olive + 1 cuil. à soupe de vinaigre de vin + sel, poivre

❒ Dans une casserole d'eau bouillante salée, faites cuire le riz selon les indications portées sur l'emballage, puis égouttez-le et laissez-le refroidir.

❒ Préparez la sauce dans un bol en y mélangeant tous les ingrédients.

❒ Coupez les tomates en deux, les olives en tranches, le concombre en tranches fines, puis en quatre et déposez l'ensemble dans un saladier. Ajoutez le maïs, le riz et le thon émietté grossièrement. Versez la sauce et mélangez rapidement.

SALADE DE SARRASIN, FÈVES, ASPERGES ET ŒUFS

POUR 2 PARTS • PRÉPARATION : 10 MIN • CUISSON : 15 MIN

100 g de sarrasin + 150 g d'asperges vertes fraîches ou surgelées + 150 g de fèves fraîches ou surgelées + 6 champignons de Paris + 2 œufs + 3 feuilles de batavia
1 cuil. à soupe de graines de courge (facultatif) + sel
Pour la sauce : 4 cuil. à soupe de vinaigre de cidre + 2 cuil. à soupe d'huile de noix
1 cuil. à soupe de ciboulette ciselée + 1 cuil. à café de moutarde à l'ancienne

❒ Faites cuire le sarrasin 15 minutes dans de l'eau bouillante salée. Égouttez-le, rincez à l'eau froide. Faites cuire les œufs 8 minutes dans de l'eau bouillante. Passez-les sous l'eau fraîche pour les refroidir avant de les écaler et de les couper en deux.

❒ Si vous avez opté pour des légumes frais, écossez les fèves, lavez les asperges et éliminez leur extrémité un peu dure. Faites cuire les fèves dans de l'eau bouillante 1 minute pour des fèves fraîches, 3 minutes pour des surgelées puis égouttez-les. Faites cuire les asperges 8 minutes à la vapeur (10 minutes pour des surgelées). Passez-les sous l'eau froide, égouttez-les.

❒ Éliminez la base du pied des champignons, rincez-les rapidement et coupez-les en lamelles. Rincez et émincez la batavia.

❒ Répartissez les ingrédients dans 2 bocaux, dans l'ordre suivant : sarrasin, fèves, champignons, asperges, batavia, œufs et graines de courge. Fermez le bocal.

❒ Préparez la sauce en mélangeant tous les ingrédients. Versez-la au moment de déguster. Consommez directement dans le bocal ou dans une assiette.

BOL POULET, BEURRE DE CACAHUÈTE, BROCOLIS, MANGUE

POUR 4 PARTS • PRÉPARATION : 15 MIN • CUISSON : 10 MIN

2 escalopes de poulet + 4 cuil. à café de beurre de cacahuète + 450 g de brocolis
1 mangue + 1 cuil. à soupe d'huile d'olive + 4 cuil. à café de sauce soja
2 cuil. à café de graines de sésame

❒ Commencez par faire cuire les brocolis à la vapeur pendant 10 minutes.

❒ Faites cuire les escalopes à la poêle, avec l'huile d'olive, 8 minutes environ, puis coupez-les en morceaux.

❒ Pelez la mangue et coupez-la en lanières.

❒ Disposez les brocolis dans chaque bol avec les morceaux de poulet, la mangue et 1 cuillerée à café de beurre de cacahuète. Assaisonnez avec la sauce soja et parsemez de graines de sésame.

TABOULÉ DE CHOU-FLEUR

POUR 4 PARTS • PRÉPARATION : 10 MIN • CUISSON : 2 MIN

500 g de chou-fleur + 1 tomate + ¼ de concombre + le blanc de 1 oignon nouveau
2 tiges de menthe effeuillées + sel
Pour la sauce : 2 cuil. à soupe de jus de citron + 2 cuil. à soupe d'huile d'olive + sel, poivre

❐ Coupez grossièrement le chou-fleur et passez-le au mixeur jusqu'à obtenir une texture de semoule. Dans une casserole d'eau bouillante salée, faites cuire le chou-fleur 1 à 2 minutes. Placez une étamine ou un torchon dans une passoire et égouttez-le. Coupez la tomate et le concombre en petits cubes, et émincez finement le blanc de l'oignon nouveau. Préparez la sauce dans un bol en y mélangeant tous les ingrédients. Dans un saladier, déposez le chou-fleur, l'oignon, la tomate et le concombre, versez la sauce et mélangez. Servez dans les assiettes et parsemez les feuilles de menthe.

SALADE TOSCANE

POUR 4 PARTS • PRÉPARATION : 10 MIN

½ oignon rouge + 1 boule de mozzarella + 250 g de petits haricots blancs au naturel (poids égoutté) + 1 vingtaine de tomates cerises + 2 poignées de mesclun ou de roquette 1 vingtaine d'olives dénoyautées + 120 g de thon à l'huile émietté + 4 tiges de persil
Pour la sauce : 3 cuil. à soupe d'huile d'olive + 1 cuil. à soupe de jus de citron + sel

❐ Préparez la sauce dans un bol en y mélangeant tous les ingrédients. Coupez l'oignon rouge en très fines rondelles et les olives en tranches. Égouttez la mozzarella et coupez-la en tranches très fines. Égouttez les haricots. Coupez les tomates cerises en deux. Mettez dans un saladier la salade, l'oignon, les olives, la mozzarella, les haricots, les tomates, le thon et le persil. Versez la sauce et mélangez.

GÂTEAU DE POMMES DE TERRE AUX HERBES FRAÎCHES

PRÉPARATION : 30 MIN • CUISSON : 1 H

1 kg de pommes de terre + 75 g de fromage à pâte pressée cuite (emmental, comté, gruyère...) + 15 g d'herbes fraîches (ciboulette, persil, cerfeuil, basilic...) + 1 échalote
3 œufs + 3 cuil. à soupe d'huile d'olive + 90 g de farine de blé T65 (ou T80)
1 cuil. à café de sel marin + 8 tours de moulin à poivre + 15 cl de lait

❒ Râpez le fromage. Lavez, effeuillez et ciselez les herbes. Pelez et ciselez l'échalote.

❒ Dans un grand saladier, fouettez les œufs avec l'huile d'olive. Ajoutez la farine, les herbes ciselées et l'échalote, le sel et le poivre. Mélangez jusqu'à l'obtention d'une pâte homogène. Délayez avec le lait petit à petit pour obtenir une pâte sans grumeaux. Ajoutez 50 g de fromage râpé et mélangez de nouveau.

❒ Préchauffez le four à 190 °C (th.6-7). Épluchez les pommes de terre. À l'aide d'une mandoline ou d'un couteau bien aiguisé, émincez les pommes de terre en rondelles de 2 mm d'épaisseur. Déposez-les au fur et à mesure dans la pâte et mélangez délicatement : les rondelles s'enrobent de pâte.

❒ Chemisez le moule de papier sulfurisé. Versez les lamelles de pomme de terre dans le moule, tassez et lissez avec le dos d'une cuillère. Saupoudrez avec le reste de fromage râpé et enfournez pour 1 heure. Vérifiez la cuisson avec la pointe d'un couteau : si elle s'enfonce facilement, les pommes de terre sont assez tendres.

❒ Découpez le gâteau en parts en dégustez-le accompagné d'une salade verte.

SUSHI SANDWICH

POUR 4 PARTS • PRÉPARATION : 25 MIN • CUISSON : 15 MIN
REPOS : 30 MIN • RÉFRIGÉRATION : 2 H

Pour le riz : 300 g de riz rond + 4 cuil. à soupe de vinaigre de riz
1 cuil. à café de sucre + 1 cuil. à café de sel
Pour le sushi : 4 feuilles d'algue nori + 2 avocats + quelques feuilles de laitue
150 g de chou rouge + le jus de ½ citron vert + 1 cuil. à soupe de nuoc-mâm

❒ Rincez le riz à l'eau froide et versez-le dans une casserole avec 40 cl d'eau. Portez à ébullition, baissez le feu, faites cuire 15 minutes, puis coupez le feu et laissez reposer 10 minutes à couvert. Transvasez le riz dans un saladier pour qu'il refroidisse plus vite, puis ajoutez le vinaigre, le sel et le sucre, mélangez et laissez refroidir.

❒ Émincez le chou, pelez les avocats et coupez-les en tranches. Rincez et séchez les feuilles de laitue.

❒ Posez une feuille de nori sur un linge humide sur le plan de travail. Recouvrez-la de riz en laissant une bande libre tout autour. Disposez un quart du chou et de l'avocat sur le riz, assaisonnez avec un peu de nuoc-mâm et de citron vert, puis recouvrez à nouveau de riz. Repliez les quatre coins vers le centre, emballez avec du film alimentaire en serrant bien, puis placez 2 heures au réfrigérateur. Répétez l'opération avec les autres feuilles de nori.

❒ Coupez en deux le sushi sandwich avant de le déguster.

SANDWICH AU PAIN PITA

POUR 2 À 4 PARTS • PRÉPARATION : 20 MIN • CUISSON : 3 MIN

4 pains pita + 90 g de roquette + 180 g de tomates cocktail + 50 g de radis rouges
½ petit concombre + 6 olives vertes et 6 noires + 50 g de feta + 1 cuil. à soupe d'huile d'olive
½ cuil. à soupe de vinaigre de riz + 1 cuil. à café de jus de citron + sel

❒ Mélangez dans un saladier l'huile, le vinaigre, le jus de citron et le sel. Coupez le concombre en quarts de rondelles et les tomates en gros cubes et mettez-les dans le saladier.

❒ Lavez la roquette, coupez les radis en rondelles et la feta en cubes ; incorporez ces trois ingrédients au mélange précédent. Ajoutez les olives.

❒ Humidifiez légèrement les deux faces de chaque pita et faites-les toaster l'une après l'autre. Ouvrez chaque pita par le haut et patientez quelques minutes pour libérer la chaleur.

❒ Répartissez la salade dans les 4 pitas et dégustez aussitôt – ou emballez les sandwichs pour les emporter.

SANDWICH AU PAIN NOIR

POUR 4 PARTS • PRÉPARATION : 20 MIN • CUISSON : 8 MIN

8 tranches de pain noir de seigle (pumpernickel) + 2 blancs de poulet
1 cœur de céleri-branche + 2poignées de roquette lavée et essorée + 100 g de fromage frais
2 cuil. à soupe de son d'avoine + 1 petite botte de ciboulette + 40 g de cerneaux de noix
2 cuil. à soupe d'huile d'olive + sel, poivre

❒ Faites cuire les blancs de poulet dans une poêle avec 1 cuillerée à soupe d'huile d'olive pendant 8 minutes, à feu vif, en les retournant plusieurs fois. Salez, poivrez et laissez refroidir. Découpez en fines lamelles.

❒ Lavez le cœur de céleri, émincez-le en très fines tranches. Hachez les noix. Hachez la ciboulette après l'avoir lavée et essorée. Mélangez le fromage frais, la ciboulette, 1 cuillerée à soupe d'huile d'olive, les noix hachées et le son d'avoine. Salez légèrement et poivrez.

❒ Tartinez les tranches de pain avec la préparation au fromage. Garnissez ensuite 4 tranches de pain avec la sauce, le poulet, la roquette et le céleri. Couvrez avec les autres tranches de pain. Dégustez aussitôt ou emballez dans du film alimentaire et placez au frais. Consommez dans la journée.

SANDWICH VEGAN

POUR 1 PART • PRÉPARATION : 5 MIN

½ baguette + 4 cuil. à café de tartinade au choix : purée de cacahuètes, d'amandes ou de sésame ; pesto ; houmous ; crème végétale à la moutarde… + 1 poignée de salade au choix : mâche, roquette, laitue… + crudité au choix : 1 tomate ou ½ avocat en tranches, 1 carotte ou ½ betterave râpées… + protéines au choix : quelques dés de tofu aux herbes ou fumé, 1 poignée de graines germées, quelques noix concassées… 1 cuil. à café de graines au choix : sésame, courge, tournesol, chia…

❐ Découpez la baguette en deux. Tartinez les deux faces.

❐ Garnissez de salade, de crudités, de protéines et de graines.

❐ Refermez puis emballez… ou dégustez.

SANDWICH CHÈVRE FRAIS ET COURGETTE

POUR 4 PARTS • PRÉPARATION : 20 MIN • CUISSON : 10 MIN

8 tranches de pain de mie sans gluten + 1 courgette + 200 g de chèvre frais
1 brin de basilic + 1 brin de menthe + 1 cuil. à soupe d'huile d'olive
1 pincée de graines de cumin + sel, poivre

❐ Lavez la courgette, puis râpez-la finement. Mettez-la dans un saladier avec du sel, du poivre et l'huile d'olive. Mélangez.

❐ Rincez le basilic et la menthe, épongez-les et essorez-les. Hachez uniquement les feuilles. Mélangez le chèvre frais, les herbes, le cumin, un peu de sel et de poivre.

❐ Toastez les tranches de pain, puis laissez-les refroidir. Tartinez-les de fromage aux herbes. Ajoutez 2 pincées de courgette râpée sur 4 tranches de pain, couvrez avec les 4 autres. Pressez légèrement avec le plat de la main pour souder les sandwichs. Dégustez aussitôt ou emballez dans du film alimentaire et placez au frais.

WRAPS HOUMOUS ET LÉGUMES CROQUANTS

POUR 4 PARTS • PRÉPARATION : 30 MIN

4 wraps de blé ou de maïs + ¼ de chou rouge + 2 carottes + 4 ciboules + ½ poivron rouge
200 g de houmous + 1 citron vert + 1 cuil. à soupe de feuilles de coriandre

❒ Épluchez les carottes et retirez le pédoncule ainsi que les graines du poivron. Émincez finement le chou rouge, les carottes, les ciboules et le poivron.

❒ Tartinez les wraps de houmous et répartissez les légumes sur chaque wrap. Aspergez d'un filet de jus de citron vert et parsemez de quelques feuilles de coriandre et des ciboules émincées. Refermez les wraps en rouleaux. Servez immédiatement pour un brunch, un déjeuner ou un pique-nique.

WRAPS AU POULET

POUR 4 PERSONNES • PRÉPARATION : 15 MIN • MARINADE : 1 H • CUISSON : 10 MIN

galettes pour wraps + 2 filets de poulet + 2 tomates ou 12 tomates cerises
1 avocat mûr + 50 g de mâche (ou autre salade) + 1 citron + 2 cuil. à soupe d'huile d'olive
2 cuil. à café de cumin en poudre + 1 cuil. à café de paprika en poudre + 1 cuil. à café de curcuma en poudre + sel, poivre

❒ Préparez la marinade du poulet : pressez la moitié du citron, mélangez le jus avec 1 cuillerée à soupe d'huile d'olive et 1 cuillerée à café de cumin. Coupez les filets de poulet en lamelles et mettez-les dans un plat avec la marinade. Mélangez bien et réservez au frais 1 heure minimum en les retournant à mi-temps.

❒ Préparez la purée d'avocat : écrasez l'avocat à la fourchette avec le reste de cumin, le curcuma, le paprika, le jus de l'autre moitié du citron et l'huile d'olive restante. Salez, poivrez, goûtez et rectifiez l'assaisonnement.

❒ Coupez les tomates en dés ou en deux pour des tomates cerises. Dans une poêle chaude, faites saisir les morceaux de poulet à feu vif pendant 2 minutes en remuant et poursuivez la cuisson minutes à feu moyen en remuant régulièrement. Salez, poivrez.

❒ Vous pouvez faire réchauffer les galettes, mais ce n'est pas obligatoire. Étalez la purée d'avocat sur chaque galette et répartissez l'ensemble des ingrédients avant de replier chaque wrap.

LUNCH-BOX SANDWICH POULET, GASPACHO CONCOMBRE ET FROMAGE BLANC

PRÉPARATION : 15 MIN • CUISSON : 10 MIN

Pour le sandwich : 2 tranches de pain de mie + 1 filet de poulet + 1 cuil. à soupe de curry en poudre + ½ avocat + 1 poignée de mesclun + 1 cuil. à café d'huile d'olive + sel, poivre
Pour le gaspacho : 1 petit concombre + quelques feuilles de menthe + 1 yaourt nature
Pour le fromage blanc : 100 g de fromage blanc + 50 g de framboises
1 cuil. à soupe de miel

❒ Enrobez le filet de poulet de curry, salez et poivrez et faites-le revenir dans une poêle avec un filet d'huile d'olive pendant 10 minutes. Laissez-le refroidir avant de le couper en lamelles.

❒ Coupez l'avocat en lamelles. Composez le sandwich en garnissant une tranche de pain de mie de l'avocat, du mesclun et des lamelles de poulet. Refermez le sandwich avec la tranche de pain de mie restante.

❒ Réalisez le gaspacho en mixant le concombre préalablement lavé avec les feuilles de menthe et le yaourt.

❒ Ajoutez les framboises au fromage blanc, puis arrosez de miel. Disposez tous les éléments dans la lunch-box en attendant de déguster votre repas.

LUNCH-BOX COMME UN CHIRASHI

PRÉPARATION : 15 MIN • CUISSON : 15 MIN

Pour le riz : 100 g de riz à sushis + 1 cuil. à soupe de vinaigre de riz + 1 cuil. à soupe de sucre en poudre + 1 pincée de sel + 1 pavé de saumon + ½ avocat + 1 cuil. à café de graines de sésame + sauce soja salée ou sucrée selon vos goûts

Pour la salade : ¼ de chou blanc + 1 cuil. à soupe de sauce nuoc-mâm + 1 cuil. à soupe de vinaigre de riz + 1 cuil. à soupe de sucre roux en poudre + 1 cuil. à café de graines de sésame + litchis frais ou en conserve

❒ Rincez le riz, puis mettez-le dans une casserole avec 10 cl d'eau et faites cuire à couvert pendant 15 minutes. Laissez refroidir.

❒ Faites chauffer le vinaigre de riz avec le sucre et le sel, puis versez sur le riz et mélangez. Mettez-le dans la lunch-box.

❒ Détaillez l'avocat et le saumon en dés. Disposez-les sur le riz et parsemez de sésame. Arrosez de sauce soja salée ou sucrée.

❒ Enlevez les feuilles vertes du chou, lavez-le puis détaillez-le en fines lamelles au couteau.

❒ Mélangez dans un bol la sauce nuoc-mâm, le vinaigre de riz et le sucre roux. Versez la sauce sur la salade de chou et parsemez de graines de sésame.

❒ Accompagnez de litchis.

LUNCH-BOX POULET-CHEDDAR, FLAN MEXICAIN ET CHIPS TORTILLAS

PRÉPARATION : 20 MIN • CUISSON : 50 MIN • RÉFRIGÉRATION : 2 H

Pour le wrap : 1 tortilla de blé + 50 g de filet de poulet + 1 cuil. à café d'huile d'olive
1 petit poivron + 3 tomates cerises + 30 g de guacamole + 50 g de maïs
30 g de cheddar râpé + quelques feuilles de salade + sel, poivre

Pour accompagner : 1 belle poignée de tortillas au maïs

Pour 2 flans mexicains : 1 œuf + 30 g de cream cheese (Philadelphia®) + 60 g de lait concentré sucré + 50 g de lait de coco + le zeste de ½ citron vert finement râpé
2 cuil. à soupe de caramel liquide pour les moules

❒ Salez et poivrez le filet de poulet et faites-le revenir dans une poêle avec un filet d'huile d'olive pendant 10 minutes. Laissez-le refroidir avant de le couper en lamelles.

❒ Lavez et coupez le poivron en lamelles, les tomates en rondelles. Étalez le guacamole sur la tortilla, puis garnissez de salade, de poivron, de maïs, de tomates, de poulet et de cheddar râpé. Roulez la tortilla bien serrée, puis coupez-la en deux.

❒ Préchauffez le four à 200 °C (th. 6/7). Mélangez dans un saladier tous les ingrédients sauf le caramel pour les flans à l'aide d'un batteur.

❒ Mettez 1 cuillerée à soupe de caramel dans deux ramequins, puis ajoutez la préparation.

❒ Faites cuire au bain-marie pendant 40 minutes, puis laissez prendre au réfrigérateur pendant au moins 2 heures.

❒ Garnissez la lunch-box de wraps, d'un flan, et accompagnez avec une poignée de tortillas.

BOUILLON MISO, DINDE, BROCOLIS

POUR 4 PARTS • PRÉPARATION : 5 MIN • CUISSON : 10 MIN

2 cubes de bouillon miso ou 2 cuil. à soupe de pâte miso + 300 g d'escalopes de dinde + 300 g de fleurettes de brocoli + 1 oignon + 1 cuil. à soupe d'huile neutre (tournesol, arachide...)

❒ Pelez et émincez l'oignon. Coupez les escalopes de dinde en lamelles. Rincez les fleurettes de brocoli et coupez-les en deux ou en quatre dans le sens de la longueur (on doit pouvoir en faire une bouchée une fois cuites).

❒ Dans une grande casserole, faites revenir l'oignon 1 minute dans l'huile chaude, puis ajoutez les lamelles de dinde et poursuivez la cuisson 1 minute à feu vif en mélangeant. Versez 1,2 l d'eau dans la casserole et portez à ébullition. Ajoutez le miso, les fleurettes de brocoli et laissez cuire à petits bouillons et à couvert 8 minutes. Servez chaud.

CRÈME DE COURGE ET LÉGUMES RÔTIS

POUR 4 PARTS • PRÉPARATION : 15 MIN • TREMPAGE : 1 H • CUISSON : 1 H 10

1 kg de courge ou potiron + 4 carottes + 1 gros navet ou 2 petits + 100 g de mélange de légumineuses pour soupe (ou à défaut un mélange de lentilles, riz complet et pois cassés)
10 cl de crème liquide + 1 cube de bouillon de légumes + 4 cuil. à soupe d'huile d'olive
1 cuil. à soupe de vinaigre balsamique + 3 cuil. à café d'herbes de Provence
½ cuil. à café de piment d'Espelette + sel

❐ Préchauffez le four à 150 °C (th. 5).

❐ Pelez et épépinez la courge. Coupez-la en morceaux pas trop gros (3 cm environ). Épluchez carottes et navets, coupez-les en morceaux.

❐ Mettez tous les légumes dans un grand plat à four, ajoutez l'huile d'olive, le vinaigre balsamique, les herbes de Provence, le piment d'Espelette, salez et mélangez bien. Enfournez pour 1 heure.

❐ Rincez le mélange de légumineuses. Mettez-les dans une grande casserole avec 1,2 l d'eau froide et le cube de bouillon. Portez à ébullition, couvrez, baissez le feu et laissez cuire 50 minutes à feu doux. Égouttez et récupérez le bouillon de cuisson. Remettez-le dans la casserole avec les légumes rôtis, portez à ébullition et laissez cuire à feu moyen pendant 10 minutes.

❐ Mixez la soupe de légumes avec la crème, rectifiez l'assaisonnement et servez dans des bols. Mettez 2 cuillerées à soupe de mélange de légumineuses au centre de chaque bol.

SOUPE AU PISTOU

POUR 6 PARTS • PRÉPARATION : 25 MIN • CUISSON : 55 MIN

1 courgette + 3 tomates + 1 poivron rouge + 1 poignée de haricots verts mange-tout
1 petite pomme de terre + 1 oignon + 1 gousse d'ail + 5 brins de basilic
50 g de pâtes à potage + 1 cuil. à soupe d'huile d'olive + sel, poivre

❒ Lavez la courgette, le poivron et les tomates, puis coupez-les en petits dés. Lavez les haricots, coupez-les en tronçons de 1 cm. Pelez et lavez la pomme de terre, puis coupez-la en petits dés. Pelez et émincez l'oignon et l'ail.

❒ Faites chauffer l'huile dans une grande cocotte. Ajoutez l'ail et l'oignon puis faites dorer 5 minutes à feu doux. Ajoutez ensuite tous les légumes et laissez revenir encore 5 minutes en mélangeant.

❒ Mouillez avec 2 l d'eau, salez, poivrez et laissez mijoter à feu doux pendant 35 minutes. Portez à ébullition et versez les pâtes. Faites cuire 10 minutes à petits bouillons.

❒ Rincez le basilic, épongez-le délicatement, puis ciselez-le. Servez le potage bien chaud, assaisonné de basilic.

SOUPE DE POTIRON AUX TARTINES DE CHÈVRE

POUR 4 PARTS • PRÉPARATION : 5 MIN • CUISSON : 13 MIN

450 g de potiron coupé en petits cubes + 1 blanc de poireau émincé finement
1 cuil. à soupe d'huile d'olive + un peu pour l'assiette + 90 cl de bouillon de légumes
1 cuil. à soupe de graines de courge + 4 belles tranches de pain grillé
1 petit fromage de chèvre frais + sel, poivre

❒ Faites revenir le poireau et le potiron avec l'huile d'olive dans une casserole 3 minutes à feu moyen.

❒ Ajoutez le bouillon de légumes et laissez cuire 10 minutes à feu assez vif. Mixez le tout finement, salez et poivrez à votre goût. N'hésitez pas à ajouter du bouillon pour obtenir la consistance désirée.

❒ Étalez le fromage sur le pain grillé.

❒ Répartissez la soupe dans les assiettes, déposez les tartines, parsemez le tout de graines de courge et versez quelques gouttes d'huile d'olive.

SOUPE PASTA PAYSANNE

POUR 4 PARTS • PRÉPARATION : 12 MIN

CUISSON : 12 MIN (HORS CUISSON DES PÂTES)

180 g de pâtes collerettes + 200 g de pommes de terre coupées en cubes
2 poireaux coupés en rondelles + 2 petites carottes coupées en tronçons
110 cl de bouillon de légumes + sel, poivre

❒ Mixez rapidement tous les légumes pour obtenir un hachis.

❒ Versez-les dans une casserole avec le bouillon et portez à ébullition.

❒ Faites cuire 12 minutes, salez et poivrez à votre goût.

❒ Ajoutez les pâtes et prolongez la cuisson du temps indiqué sur l'emballage.

SOUPE TOMATE, CHORIZO, POIS CHICHES

POUR 4 PARTS • PRÉPARATION : 5 MIN • CUISSON : 20 À 25 MIN

300 g de tomates concassées + 180 g de pois chiches au naturel
120 g de chorizo coupé en demi-lunes + 1 gousse d'ail hachée finement
1 oignon haché finement + ½ cuil. à café de paprika + 1 cuil. à café de sucre en poudre
60 cl de bouillon de légumes + 2 cuil. à soupe de persil haché
1 cuil. à soupe d'huile d'olive + sel, poivre

❒ Chauffez dans une casserole l'huile d'olive à feu moyen, puis faites-y revenir l'ail et l'oignon pendant 5 minutes en mélangeant régulièrement.

❒ Ajoutez le chorizo et le paprika, mélangez et laissez revenir 1 minute de plus.

❒ Ajoutez les pois chiches, les tomates concassées, le sucre et mélangez. Versez le bouillon, salez et poivrez à votre goût et laissez revenir une quinzaine de minutes.

❒ Répartissez dans des bols ou des assiettes et parsemez de persil.

PENNE AUX MAQUEREAUX

POUR 4 PARTS • PRÉPARATION : 10 MIN • CUISSON : 12 MIN

400 g de penne semi-complètes + 2 boîtes de filets de maquereau au naturel
12 olives noires + 4 cuil. à café de câpres + 400 g de pulpe de tomates en boîte
1 oignon + 15 cl de vin blanc sec + 10 cl de crème liquide légère
1 cuil. à soupe d'huile d'olive + sel, poivre

❐ Faites chauffer de l'eau salée pour la cuisson des pâtes.

❐ Coupez les olives en morceaux. Égouttez les câpres. Pelez et émincez l'oignon. Égouttez et émiettez les filets de maquereau.

❐ Dans une poêle chaude, faites chauffer l'huile d'olive et faites revenir l'oignon 1 minute. Ajoutez le maquereau, mélangez. Versez le vin blanc, laissez évaporer 1 minute. Ajoutez la pulpe de tomates, mélangez, couvrez et laissez mijoter 5 minutes. Ajoutez la crème, salez, poivrez. Laissez de nouveau mijoter 5 minutes à couvert.

❐ Pendant ce temps, faites cuire les pâtes en suivant les indications portées sur l'emballage.

❐ Servez les pâtes dans des assiettes creuses, versez la sauce par-dessus et parsemez d'olives noires et de câpres.

ŒUFS PIPERADE

POUR 4 PARTS • PRÉPARATION : 10 MIN • CUISSON : 45 MIN

8 œufs + 400 g de pulpe de tomates en boîte + 3 poivrons rouges ou verts + 1 oignon
½ cuil. à café de piment d'Espelette + 1 cuil. à soupe d'huile d'olive + sel, poivre

❒ Pelez et émincez l'oignon. Lavez, épépinez et coupez les poivrons en lamelles.

❒ Dans une poêle ou une sauteuse, faites revenir à feu vif l'oignon dans l'huile d'olive pendant 2 minutes. Ajoutez les poivrons et poursuivez la cuisson 3 minutes en mélangeant. Versez la pulpe de tomates, salez, poivrez, ajoutez le piment d'Espelette. Mélangez bien, baissez le feu, couvrez et laissez mijotez 30 minutes en mélangeant de temps en temps.

❒ Cassez les œufs dans la piperade et laissez cuire 10 minutes environ. Si les œufs ne sont pas assez cuits, stoppez le feu et couvrez 2 à 3 minutes pour finir la cuisson. Salez, poivrez et servez.

PETITS POIS AU BACON GRILLÉ

POUR 4 PARTS • PRÉPARATION : 10 MIN • CUISSON : 15 MIN

500 g de petits pois extra-fins surgelés + 1 oignon + 1 brin de menthe
1 poignée de roquette lavée + 1 brin de thym + 2 cuil. à soupe d'huile d'olive
8 tranches de filet de bacon + sel, poivre

❒ Pelez et hachez l'oignon. Lavez la menthe, hachez les feuilles. Hachez grossièrement la roquette.

❒ Faites dorer l'oignon dans une cocotte avec 1 cuillerée à soupe d'huile d'olive pendant 3 minutes à feu moyen. Ajoutez les petits pois surgelés, le thym, la menthe et la roquette. Salez, poivrez et ajoutez 30 cl d'eau. Couvrez et laissez cuire 10 minutes.

❒ Coupez les filets de bacon en dés, faites-les dorer 2 minutes à feu très vif avec l'huile restante. Servez les petits pois bien chauds, avec le bacon grillé.

BUDDHA BOWL PATATE DOUCE ET POIVRON

POUR 4 PARTS • PRÉPARATION : 20 MIN • CUISSON : 20 MIN

2 patates douces + 2 beaux poivrons rouges + 1 grenade + 4 poignées de mâche lavée
1 gousse d'ail + 2 brins de menthe + 2 cuil. à soupe de purée de sésame blanc
30 g de graines de courge + 2 cuil. à soupe de vinaigre balsamique
2 cuil. à soupe d'huile d'olive + sel, poivre

❒ Préchauffez le four à 180 °C (th. 6). Pelez, rincez et découpez les patates douces en dés. Rincez et coupez en lamelles les poivrons rouges. Disposez les légumes sur une plaque. Ajoutez l'huile d'olive, du sel, du poivre et les graines de courge. Faites cuire 20 minutes. Laissez tiédir.

❒ Ouvrez la grenade, récupérez les graines charnues. Pelez et hachez l'ail, émincez les feuilles de menthe.

❒ Répartissez la mâche dans quatre grands bols. Ajoutez les poivrons et les patates douces tièdes ainsi que les graines de la grenade.

❒ Mélangez la purée de sésame, le vinaigre balsamique, l'ail et la menthe. Salez et poivrez. Versez dans les bols et servez aussitôt.

ASSIETTE CROQUANTE AU SARRASIN

POUR 4 PARTS • PRÉPARATION : 20 MIN • CUISSON : 15 MIN

2 bulbes de fenouil + 1 brocoli + 140 g de sarrasin + 1 oignon + 1 bouquet de coriandre
30 g de cerneaux de noix + 30 g de canneberges + 1 pomme granny-smith
3 cuil. à soupe d'huile d'olive + le jus de ½ citron + 4 faisselles de chèvre + sel, poivre

❒ Faites cuire le sarrasin 15 minutes à l'eau bouillante salée, puis égouttez-le. Coupez le brocoli, détachez-en les fleurettes, rincez-les sous l'eau puis faites-les cuire 10 minutes à la vapeur.

❒ Rincez le fenouil, émincez-le finement au robot. Lavez et coupez la pomme en dés. Pelez et hachez l'oignon. Rincez et hachez la coriandre. Hachez les noix.

❒ Disposez le fenouil, le brocoli et la pomme découpés sur quatre assiettes. Ajoutez le sarrasin, les canneberges, l'oignon, les noix, la coriandre. Salez, poivrez, ajoutez l'huile d'olive, le jus de citron et une faisselle de chèvre bien égouttée.

BOL ITALIEN

POUR 4 PARTS • PRÉPARATION : 30 MIN • CUISSON : 15 MIN

300 g de spaghettis + 2 escalopes de veau + 1 œuf + 4 tomates + 1 gousse d'ail
4 poignées de roquette + 3 cuil. à soupe de parmesan râpé + un peu pour servir + 2 cuil. à soupe de chapelure + 1 cuil. à soupe de farine + huile d'olive + sel, poivre

❒ Sortez 3 assiettes creuses : une pour la farine, une pour l'œuf battu salé et poivré et une pour le mélange chapelure-parmesan.

❒ Trempez les escalopes dans la farine, puis dans l'œuf et enfin dans le mélange chapelure-parmesan. Faites-les cuire 5 minutes dans une poêle avec 1 cuillerée d'huile bien chaude, puis coupez-les en lamelles.

❒ Lavez les tomates et coupez-les en petits dés. Pelez et hachez l'ail. Faites chauffer une grande poêle avec 1 cuillerée à soupe d'huile d'olive, versez les tomates en dés et l'ail. Faites cuire 5 minutes.

❒ Faites cuire les spaghettis dans un grand volume d'eau salée. Lavez et essorez la roquette.

❒ Servez les différents ingrédients avec de la roquette et du parmesan râpé.

SALADE DE LENTILLES CORAIL, TOMATE ET HOUMOUS

POUR 6 PARTS • PRÉPARATION : 20 MIN • CUISSON : 13 MIN

300 g de lentilles corail + 6 tomates + 6 œufs + 2 cuil. à café de thé noir
1 cuil. à soupe de vinaigre blanc + sel, poivre
Pour le houmous : 350 g de pois chiches cuits ou en conserve
1 cuil. à soupe de fromage blanc + le jus de ½ citron + 4 brins de coriandre
½ cuil. à café de cumin + sel, poivre

❐ Préparez le houmous : mixez les pois chiches avec le jus de citron, le fromage blanc, la coriandre fraîche ciselée et le cumin. Salez et poivrez.

❐ Versez les lentilles dans de l'eau non salée, portez à ébullition et laissez cuire à feu doux et à couvert pendant 10 minutes. Rincez-les à l'eau froide.

❐ Coupez les tomates en morceaux.

❐ Portez 1 litre d'eau à ébullition avec le thé noir. Ajoutez le vinaigre. Baissez le feu pour que l'eau frémisse. Cassez les œufs séparément dans des bols, puis faites glisser 1 œuf dans l'eau. Laissez cuire 2 minutes en tournant l'eau avec une cuillère en bois. Récupérez l'œuf avec une grande cuillère et réservez-le. Renouvelez l'opération avec les autres œufs.

❐ Servez dans chaque assiette les lentilles avec les tomates, du houmous et 1 œuf poché. Salez, poivrez.

ŒUFS COCOTTE CHÈVRE-ÉPINARDS

POUR 4 PARTS • PRÉPARATION : 5 MIN • CUISSON : 12-15 MIN

4 œufs (8 pour un plat unique) + 100 g de fromage de chèvre (bûche ou chèvre frais)
400 g d'épinards frais ou surgelés + 20 cl de crème légère + sel, poivre

❒ Préchauffez le four à 200 °C (th. 6-7).

❒ Rincez les épinards, mettez-les dans une sauteuse avec ½ verre d'eau et faites cuire 1 minute à feu vif en mélangeant. Avec des épinards surgelés, il faut les mettre dans un saladier avec ½ verre d'eau, puis au four à micro-ondes ou dans une sauteuse, pendant 5 minutes environ en mélangeant de temps en temps.

❒ Coupez le chèvre en petits morceaux. Répartissez les épinards et le chèvre dans 4 ramequins allant au four. Cassez 1 œuf (ou 2) dans chacun, versez un peu de crème sur chaque œuf. Salez, poivrer.

❒ Mettez les ramequins dans un plat à four, remplissez-le d'eau bouillante (le plus haut possible tout en veillant à ce que le plat reste facile à manipuler) et enfournez pour 10 à 12 minutes. Le blanc doit être cuit et le jaune encore un peu liquide.

MAQUEREAUX PETITS POIS ET BAIES DE GOJI

POUR 4 PARTS • PRÉPARATION : 10 MIN • CUISSON : 15 MIN

4 filets de maquereau fumés au poivre + 320 g de petits pois
2 cuil. à soupe de baies de goji + 50 g de noisettes + 2 cuil. à soupe d'huile d'olive
le jus de ½ citron + sel, poivre

❒ Faites cuire les petits pois dans un grand volume d'eau salée.

❒ Réchauffez les maquereaux quelques minutes à la vapeur.

❒ Servez dans des bols avec les baies de goji et les noisettes concassées. Assaisonnez avec de l'huile d'olive, du jus de citron, salez et poivrez.

LOC LAC 10 MINUTES

POUR 4 PARTS • PRÉPARATION : 10 MIN • CUISSON : 11 MIN

500 g de bœuf tendre + 350 g de riz thaï + 1 oignon rouge + 2 gousses d'ail
1 tomate + 4 feuilles de laitue + ½ concombre + le jus de ½ citron
2 cuil. à soupe de sauce soja + 2 cuil. à soupe de sauce d'huître
1 cuil. à soupe d'huile d'olive + sel, poivre

❒ Faites cuire le riz dans une casserole d'eau bouillante salée le temps indiqué sur le paquet.

❒ Épluchez l'oignon et l'ail. Taillez l'oignon, la tomate et le concombre en rondelles. Coupez le bœuf en morceaux et hachez l'ail.

❒ Faites revenir le bœuf avec l'huile d'olive, l'ail, la sauce soja et la sauce d'huître pendant 1 minute.

❒ Servez le bœuf avec le riz, 1 feuille de salade, des rondelles d'oignon, de concombre et de tomate. Assaisonnez avec le jus du citron.

SALADE BO BUN

POUR 4 PARTS • PRÉPARATION : 15 MIN • CUISSON : 6 MIN • REPOS : 5 MIN

120 g de vermicelles de riz + ¼ concombre + ½ carotte + 1 sucrine
40 g de germes de soja + 8 nems
Pour la sauce : 1 gousse d'ail + 4 cuil. à soupe de vinaigre de riz
1 cuil. à soupe de vinaigre de vin + 1 cuil. à soupe de nuoc-mâm
4 cuil. à soupe rases de sucre en poudre + ½ cuil. à soupe rase de sel

❒ Coupez la gousse d'ail très finement et déposez-la dans une casserole, ajoutez tous les ingrédients de la sauce et 4 cuillerées à soupe d'eau, puis portez à ébullition en mélangeant régulièrement. Coupez le feu et laissez infuser.

❒ Faites cuire les vermicelles selon les indications portées sur l'emballage, égouttez-les, puis laissez-les refroidir. Découpez le concombre en tranches, puis en allumettes. Détaillez la carotte en allumettes et la sucrine en tranches, puis déposez-les dans un saladier.

❒ Ajoutez les vermicelles et les germes de soja, et mélangez rapidement. Coupez les nems en six. Répartissez la salade dans les assiettes, ajoutez les tronçons de nems et arrosez de sauce.

BOL RIZ NOIR, COURGE ET PESTO DE CORIANDRE

POUR 4 PARTS • PRÉPARATION : 15 MIN
CUISSON : 40 MIN (HORS CUISSON DU RIZ)

300 g de riz noir + 1 petite courge kabocha + 30 g de coriandre + quelques feuilles pour la garniture + 140 g de noix du Brésil torréfiées + 1 gousse d'ail + 10 cl d'huile d'olive
3 cuil. à soupe de vinaigre de riz + 3 cuil. à soupe d'huile de courge
le zeste et le jus de 1 citron vert + sel, poivre

❐ Préchauffez le four à 180 °C (th. 6). Faites cuire le riz noir en suivant les instructions portées sur l'emballage.

❐ Pelez et coupez la courge en dés. Disposez-les dans un plat allant au four, ajoutez l'huile d'olive et assaisonnez. Faites rôtir pendant 40 minutes, jusqu'à ce que la courge soit tendre. Égouttez-la en conservant l'huile.

❐ Mélangez dans un autre petit bol le vinaigre, le jus de citron vert et 3 cuillerées à soupe d'huile de courge. Salez, poivrez.

❐ Mixez dans le bol d'un robot les noix du Brésil, la gousse d'ail, le zeste de citron vert, la coriandre et le reste de l'huile de courge.

❐ Mélangez dans un plat le riz noir, la vinaigrette, la courge et quelques feuilles de coriandre, assaisonnez. Ajoutez le pesto et servez.

BOL ÉNERGISANT

POUR 4 PARTS • PRÉPARATION : 15 MIN
CUISSON : 20 MIN (HORS CUISSON DU RIZ)

2 patates douces + 4 œufs + 400 g de riz complet + 100 g de pistaches
2 gousses d'ail + 40 cl de bouillon de légumes + 2 cuil. à soupe d'huile de coco
1 cuil. à café de curcuma + sel, poivre
Pour la sauce : 1 citron + 6 cl d'huile d'olive + 1 gousse d'ail + 1 cuil. à soupe de miel
10 g de persil + 1 pincée de sel + jeunes pousses (facultatif)

❒ Pelez et coupez les patates douces en dés. Faites chauffer l'huile de coco dans une poêle puis ajoutez les patates douces avec le curcuma. Mélangez bien et ajoutez les gousses d'ail émincées et le bouillon.

❒ Laissez mijoter une quinzaine de minutes, jusqu'à ce que les patates douces soient tendres et le liquide absorbé. Transférez dans un bol et écrasez à l'aide d'une fourchette. Assaisonnez.

❒ Mélangez tous les ingrédients de la sauce dans un blender. Ajoutez un peu de sauce dans l'écrasé de patates douces.

❒ Faites cuire le riz en suivant les instructions portées sur l'emballage et pochez les œufs.

❒ Disposez dans 4 bols du riz, de la purée de patate douce et 1 œuf poché. Arrosez de sauce. Parsemez de pistaches grossièrement hachées et de quelques jeunes pousses puis servez.

FRITTATA À LA RATATOUILLE

POUR 4 PARTS • PRÉPARATION : 3 MIN • CUISSON : 17 MIN

8 œufs + 250 g de légumes à ratatouille décongelés + 3 tiges de basilic effeuillées
20 g de parmesan râpé + 10 g de beurre + 1 cuil. à soupe d'huile d'olive + sel, poivre

❒ Préchauffez le four à 220 °C (th. 7-8). Faites revenir les légumes avec le basilic dans l'huile pendant 2 minutes.

❒ Battez les œufs et le parmesan dans un saladier ; ajoutez le mélange de légumes, salez et poivrez à votre goût puis mélangez.

❒ Chauffez le beurre dans une poêle antiadhésive allant au four. Versez les œufs aux légumes et laissez cuire 3 minutes à feu moyen. Enfournez ensuite pour 12 minutes.

❒ En fin de cuisson, passez éventuellement 2 minutes sous un gril brûlant.

TARTINES COMME UNE PIZZA ARTICHAUT ET NOISETTE

POUR 4 PARTS • PRÉPARATION : 5 MIN • CUISSON : 13 MIN

1 baguette coupée en deux, puis tranchée en deux dans le sens de la longueur
8 cuil. à soupe de tomates concassées + 2 boules de mozzarella coupées en tranches fines
20 cœurs d'artichauts au naturel coupés en quatre + 2 cuil. à soupe de noisettes hachées
huile de noisette

❒ Préchauffez le four à 200 °C (th. 6-7).

❒ Étalez les tomates concassées sur les tartines, puis déposez les tranches de mozzarella. Enfournez pour 10 minutes.

❒ Répartissez par-dessus les quarts de cœurs d'artichauts et les noisettes hachées, puis passez-les 3 minutes sous un gril brûlant.

❒ Avant de servir, versez quelques gouttes d'huile de noisette.

TRIANGLES DE CROQUE-MONSIEUR ET PURÉE DE CAROTTES

POUR 4 PARTS • PRÉPARATION : 10 MIN • CUISSON : 15 MIN

4 tranches de pain de mie + 4 tranches de fromage à croque-monsieur
2 tranches de jambon + 1 concombre + beurre + sel
Pour la purée : 6 carottes + 1 pomme de terre + 2 cuil. à soupe de crème fraîche épaisse
1 cuil. à café de cumin + sel

❒ Préchauffez le four à 190 °C (th. 6-7).

❒ Commencez par laver et éplucher les carottes et la pomme de terre pour les mettre à cuire 10 à 15 minutes dans une casserole d'eau.

❒ Beurrez les 4 tranches de pain de mie sur une seule face. Déposez une tranche de fromage sur la moitié des tranches de pain. Ajoutez le jambon, une deuxième tranche de fromage puis refermez avec le pain restant. Enfournez pour 12 minutes.

❒ Écrasez les légumes avec la crème fraîche, du sel et le cumin jusqu'à l'obtention d'une purée lisse. Lavez et découpez le concombre en bâtonnets.

❒ Déposez la purée dans chaque bol, ajoutez quelques bâtonnets de concombre ainsi que les croque-monsieur préalablement coupés en quatre (en triangle).

CAKE AU JAMBON

POUR 1 CAKE • PRÉPARATION : 15 MIN • REPOS 30 MIN

CUISSON : 45 MIN

Pour la pâte : 2 gros œufs + 150 g de farine + 1 sachet de levure chimique
12 cl de crème liquide + 8 cl d'huile végétale + 80 g de gruyère râpé + poivre
Pour la garniture : 200 g de jambon blanc coupé en tranches épaisses
100 g d'olives vertes ou noires dénoyautées

❒ Cassez les œufs dans un saladier et battez-les en omelette. Ajoutez progressivement la farine et la levure, en fouettant vivement le mélange jusqu'à obtenir une pâte lisse et consistante. En continuant de mélanger, incorporez successivement la crème, l'huile et le gruyère râpé. Donnez quelques tours de moulin à poivre et mélangez bien. Laissez reposer 30 minutes au réfrigérateur.

❒ Préchauffez le four à 180 °C (th. 6). Beurrez et farinez un moule à cake de 22 cm ou préparez un moule en silicone.

❒ Coupez le jambon en dés. Ajoutez-le à la pâte ainsi que les olives, mélangez bien et versez l'ensemble dans le moule. Enfournez pour 45 minutes de cuisson. Couvrez avec une feuille d'aluminium dès que la surface est suffisamment colorée.

❒ Vérifiez la cuisson en piquant la pointe fine d'un couteau au cœur du cake : elle doit ressortir sèche. Laissez tiédir, démoulez et servez, ou mettez à refroidir sur une grille.

CAKE POIREAUX GORGONZOLA

POUR 6 PARTS • PRÉPARATION : 15 MIN • CUISSON : 55 MIN

150 g de blancs de poireau + 100 g de gorgonzola + 100 g de farine de riz
100 g de fécule de pomme de terre + 1 sachet de levure chimique + 10 cl de crème de riz
3 œufs + 50 g de beurre fondu + un peu pour la poêle et le moule
1 poignée de graines de courge + sel, poivre

❐ Préchauffez le four à 180 °C (th. 6).

❐ Lavez et coupez les blancs de poireau en lamelles.

❐ Faites revenir dans une poêle avec 1 noisette de beurre les poireaux pendant 10 minutes.

❐ Mélangez dans un saladier les œufs, la crème de riz, la farine, la fécule, la levure et le beurre fondu. Ajoutez ensuite les poireaux, le gorgonzola coupé en morceaux et les graines de courge.

❐ Beurrez un moule à cake et versez-y la préparation. Enfournez pour 45 minutes, puis laissez refroidir avant de démouler.

TARTE MINUTE CHÈVRE ÉPINARDS MIEL

POUR 4 PARTS • PRÉPARATION : 5 MIN • CUISSON : 27 MIN

3 feuilles de brick + 500 g d'épinards frais + 1 petite bûche de chèvre
1 cuil. à soupe de miel + 1 cuil. à soupe d'herbes de Provence + 1 cuil. à soupe de graines de tournesol + 1 cuil. à soupe d'huile d'olive + sel, poivre

❒ Préchauffez le four à 180 °C (th. 6).

❒ Rincez les épinards, enlevez les plus grosses tiges. Dans une poêle chaude, versez l'huile d'olive, jetez les épinards, couvrez et faites cuire 5 minutes à feu moyen en mélangeant de temps en temps. Enlevez le couvercle, salez et poivrez légèrement et laissez évaporer 2 minutes à feu doux. Il ne doit plus y avoir de liquide. Au besoin, égouttez. Réservez dans une assiette pour qu'ils refroidissent un peu.

❒ Coupez la bûche de chèvre en tranches.

❒ Superposez 3 feuilles de brick et déposez-les sur une des feuilles de papier sulfurisé (en décollant la feuille de brick) sur la plaque du four. Répartissez les épinards dessus puis déposez les tranches de chèvre. Versez 1 filet de miel sur la tarte, en particulier sur le fromage de chèvre. Parsemez d'herbes de Provence et de graines de tournesol.

❒ Enfournez pour 20 minutes environ en surveillant la cuisson pour que le miel ne brûle pas. C'est délicieux avec une salade.

TARTE AUX TOMATES

POUR 4 PARTS • PRÉPARATION : 35 MIN • CUISSON : 30 MIN

150 g de farine d'épeautre + 50 g de farine de quinoa + 80 g de beurre
5 belles tomates mûres + 1 œuf + 3 cuil. à soupe de crème épaisse
2 cuil. à soupe de parmesan + 3 cuil. à soupe de moutarde forte + 40 g de graines de sésame dorées + 2 tiges de basilic + sel, poivre

❐ Mélangez la farine d'épeautre et de quinoa. Ajoutez le beurre coupé en petits dés, la moitié des graines de sésame et une pincée de sel. Amalgamez du bout des doigts pour obtenir un mélange sableux. Liez la pâte avec 8 cl d'eau froide, formez une boule. Réservez pendant la préparation des autres ingrédients.

❐ Préchauffez le four à 180 °C (th. 6). Lavez et découpez les tomates en rondelles. Rincez et effeuillez le basilic. Battez dans un bol l'œuf, le parmesan et la crème. Salez et poivrez.

❐ Abaissez la pâte, foncez-en un moule de 20 cm de diamètre. Piquez le fond avec une fourchette. Étalez la moutarde sur la pâte. Rangez les rondelles de tomates par-dessus, puis versez le mélange œuf-crème. Saupoudrez du reste de graines de sésame.

❐ Faites cuire 30 minutes au four, laissez tiédir quelques instants, décorez de feuilles de basilic et servez aussitôt.

TARTE AUBERGINE FETA

POUR 4 PARTS • PRÉPARATION : 10 MIN • CUISSON : 25 MIN

1 pâte brisée salée + 2 aubergines + 50 g de feta + 100 g de tomates cerises
30 g d'olives noires + 1 oignon botte + 1 cuil. à soupe d'origan en poudre
2 filets d'huile d'olive + sel, poivre

❒ Préchauffez le four à 180 °C (th. 6).

❒ Coupez les aubergines en tranches fines et faites-les revenir à la poêle avec 1 filet d'huile d'olive pendant 5 minutes. Ajoutez un peu d'eau si les aubergines accrochent à la poêle.

❒ Épluchez et émincez l'oignon. Coupez les tomates cerises en deux.

❒ Étalez la pâte dans un plat, puis garnissez-la avec les aubergines, les tomates, la feta émiettée, les olives noires, l'oignon et l'origan. Salez, poivrez, arrosez de l'huile d'olive restante et enfournez pour 20 minutes.

GALETTE ŒUF JAMBON CHAMPIGNONS

POUR 1 PART • PRÉPARATION : 15 MIN • CUISSON : 15 MIN

20 g de farine de sarrasin + 1 œuf + 1 tranche de jambon blanc
100 g de champignons + 1 poignée de roquette + huile d'olive + sel, poivre

- Nettoyez et émincez les champignons. Faites-les cuire dans une poêle avec un peu d'huile d'olive, salez et poivrez (vous pouvez réaliser cette étape la veille si vous n'avez pas le temps le matin).
- Dans un petit saladier, mélangez la farine et 5 cl d'eau, ajoutez une petite pincée de sel.
- Faites chauffer une poêle légèrement huilée, versez la pâte à galette, laissez cuire 3 minutes. Quand elle se décolle, retournez-la, ajoutez la tranche de jambon, l'œuf et les champignons. Quand le blanc d'œuf est cuit, la galette est prête.
- Servez avec la roquette.

TOASTS DE PATATE DOUCE

POUR 4 PARTS • PRÉPARATION : 10 MIN • CUISSON : 13 MIN

2 patates douces moyennes + 2 avocats + 4 œufs frais + 1 cuil. à soupe d'huile d'olive
¼ de cuil. à café de piment d'Espelette + ½ cuil. à café de fleur de sel

❒ Nettoyez et brossez bien les patates douces. Coupez-les en tranches de 1 cm d'épaisseur. Placez les tranches au grille-pain et laissez cuire 10 minutes à puissance maximale.

❒ Épluchez les avocats. Retirez les noyaux et coupez-les en morceaux épais.

❒ Faites chauffer ½ cuillerée à soupe d'huile d'olive dans une large poêle à fond épais sur feu moyen. Faites-y cuire les œufs pendant 3 minutes.

❒ Pendant ce temps, répartissez les tranches d'avocat sur les toasts de patate douce. Répartissez les toasts dans 4 assiettes et posez les œufs au plat dessus. Saupoudrez de fleur de sel, de piment d'Espelette et versez un filet d'huile d'olive. Servez immédiatement.

ŒUFS AU PLAT, POMMES DE TERRE ET MÂCHE

POUR 4 PARTS • PRÉPARATION : 10 MIN • CUISSON : 1 H

Pour les œufs au plat : 4 œufs + 1 cuil. à café d'huile d'olive + sel, poivre
Pour l'accompagnement : 450 g de pommes de terre grenailles + 1 cuil. à soupe d'huile d'olive + 150 g de mâche (ou autre salade) + 1 botte de ciboulette + sel, poivre
Pour l'assaisonnement : huile d'olive + sel, poivre

❒ Préchauffez le four à 180 °C (th. 6).

❒ Coupez les pommes de terre grenailles, déposez-les sur la plaque de cuisson avec l'huile d'olive, salez et poivrez puis enfournez-les pour 45 minutes.

❒ Préparez les œufs. Dans une poêle, faites chauffer l'huile d'olive et cassez-y doucement les œufs en veillant à ne pas percer les jaunes. Faites cuire 1 à 3 minutes, salez et poivrez.

❒ Répartissez la mâche dans les bols, arrosez-la d'huile d'olive, puis salez et poivrez. Disposez les pommes de terre grenailles, puis posez délicatement les œufs sur la mâche et parsemez de ciboulette ciselée.

BROCHETTES DE POULET À L'ORIENTALE

POUR 4 PARTS, SOIT 8 BROCHETTES ENVIRON • PRÉPARATION : 15 MIN
MARINADE : 30 MIN • CUISSON : 25 MIN

4 blancs de poulet + 3 carottes + 1 oignon rouge + le jus de 1 citron
2 cuil. à soupe d'huile d'olive + 2 cuil. à café de ras el-hanout + 2 cuil. à soupe de coriandre ciselée + 1 cuil. à soupe de miel + sel, poivre

❒ Pressez le citron. Mélangez l'huile d'olive, la moitié du jus de citron, le ras el-hanout et la coriandre. Salez. Coupez le poulet en gros morceaux (2 cm environ). Mettez les morceaux de poulet dans la marinade, mélangez bien et réservez au frais 30 minutes (plus longtemps, ce ne sera que meilleur).

❒ Épluchez les carottes, coupez-les en tronçons et faites cuire 10 minutes à la vapeur.

❒ Dans un saladier, mélangez le reste du jus de citron et le miel. Salez, poivrez. Mettez les carottes à mariner dans ce mélange.

❒ Pelez et coupez l'oignon rouge en gros morceaux (de la taille des morceaux de poulet à peu près). Préparez les brochettes en alternant poulet, oignon et carotte.

❒ Faites cuire les brochettes dans une poêle, à feu moyen, pendant 15 minutes environ, en les retournant régulièrement. On peut également les cuire au four 15 minutes à 180 °C (th. 6) à chaleur tournante en finissant par un coup de gril.

CURRY VERT DE LÉGUMES

POUR 4 PARTS • PRÉPARATION : 15 MIN • CUISSON : 20 MIN

1 aubergine + 1 courgette + 2 tomates + 1 patate douce + 3 cives + 1 cuil. à soupe d'huile d'olive + 1 cuil. à café de curry vert + 20 cl de lait de coco + sel, poivre

❒ Rincez et coupez l'aubergine, la courgette et les tomates en dés. Pelez, lavez et coupez la patate douce en dés. Rincez et hachez les cives.

❒ Faites sauter les dés d'aubergine, de courgette, de patate douce et de tomate, ainsi que la moitié des cives hachées avec l'huile d'olive, en mélangeant, pendant 5 minutes. Ajoutez le curry vert et le lait de coco. Salez et poivrez. Laissez mijoter 15 minutes.

❒ Décorez avec le reste des cives et servez bien chaud, accompagné de riz.

BŒUF CAROTTES

POUR 6 PARTS • PRÉPARATION : 5 MIN • CUISSON : 5 H 05

1 kg de paleron + 6 carottes de taille moyenne + 2 échalotes + 3 gousses d'ail
1,5 l de bouillon de bœuf + 20 g de concentré de tomate + 15 cl de vin blanc
30 g de farine + 1 bouquet garni + huile + sel, poivre

❐ Épluchez et émincez finement les échalotes. Épluchez, retirez le germe et écrasez les gousses d'ail. Épluchez les carottes et coupez-les en rondelles. Coupez le paleron en morceaux de 4 cm environ.

❐ Faites revenir à feu moyen les échalotes émincées et l'ail écrasé dans une cocotte avec un généreux filet d'huile. Ajoutez les morceaux de paleron que vous laisserez colorer 5 minutes. Saupoudrez le tout de farine, elle donnera de l'onctuosité à la sauce. Mélangez bien afin d'enrober les morceaux de viande de farine.

❐ Déglacez au vin blanc. Ajoutez le bouillon de bœuf, le concentré de tomate et le bouquet garni. Salez et poivrez à votre convenance. Laissez cuire à feu doux et à couvert pendant 4 heures. Vérifiez de temps en temps que la préparation n'accroche pas au fond de la casserole. N'hésitez pas à ajouter un peu d'eau lors de la cuisson si le tout vous semble trop sec.

❐ Ajoutez les rondelles de carotte puis laissez cuire 1 heure supplémentaire, toujours à feu doux et à couvert. Servez chaud.

POÊLÉE DE CREVETTES, PETITS POIS, PAPRIKA

POUR 4 PARTS • PRÉPARATION : 5 MIN • CUISSON : 11 MIN

500 g de crevettes cuites décortiquées + 300 g de petits pois
1 oignon + 2 gousses d'ail + 1 cuil. à soupe de paprika en poudre
1 filet d'huile d'olive + sel, poivre

❒ Faites cuire le riz dans une grande casserole d'eau salée le temps indiqué sur le paquet.

❒ Épluchez et émincez l'ail et l'oignon.

❒ Faites revenir les crevettes et l'oignon à la poêle dans l'huile d'olive pendant 4 minutes. Retournez-les à mi-cuisson.

❒ Ajoutez les petits pois, l'ail, le paprika, du sel et du poivre, et 3 cl d'eau. Prolongez la cuisson de 3 minutes.

❒ Servez les crevettes aux petits pois avec du riz.

CHILI CON CARNE

POUR 6 PARTS • PRÉPARATION : 10 MIN • CUISSON : 3 H 05

700 g de viande de bœuf hachée + 500 g de haricots noirs ou rouges en conserve
800 g de pulpe de tomates avec morceaux en conserve + 1 oignon + 3 gousses d'ail
50 g de beurre + 15 g d'origan séché + 10 g de poudre de piment rouge (pas trop forte)
10 g de cumin en poudre + sel, poivre

❒ Épluchez et émincez finement l'oignon. Épluchez, retirez le germe et écrasez les gousses d'ail. Faites revenir l'oignon émincé, l'ail écrasé et la viande hachée avec le beurre dans une cocotte pendant 5 minutes.

❒ Versez la pulpe de tomates dans la cocotte. Ajoutez les épices et l'origan. Laissez cuire 2 heures à feu doux et à couvert. Ajoutez les haricots préalablement égouttés. Laissez cuire 1 heure supplémentaire.

❒ N'hésitez pas à ajouter un peu d'eau si la préparation accroche à la cocotte. Si elle vous semble un peu liquide, laissez-la cuire quelques minutes supplémentaires à feu doux et à découvert afin qu'elle réduise un peu. Vous pouvez déguster le chili accompagné de riz.

CONCHIGLIONI AUX BOULETTES DE POULET

POUR 4 PARTS • PRÉPARATION : 20 MIN • CUISSON : 37 MIN

Pour les pâtes farcies : 200 g de conchiglioni (5 par personne, en prévoir un peu plus car certains se déchirent à la précuisson) **+** 400 g d'escalopes de poulet 4 tomates séchées **+** 1 œuf **+** ⅓ de cuil. à café de piment d'Espelette **+** sel
Pour la crème de champignons : 200 g de champignons de Paris **+** 1 échalote 10 cl de vin blanc sec **+** 10 cl de crème liquide **+** 1 cube de bouillon de légumes 1 cuil. à soupe d'huile d'olive

❒ Préparez la crème de champignons. Éliminez la partie terreuse du pied des champignons, rincez-les rapidement et coupez-les en deux ou en quatre. Pelez et émincez l'échalote.

❒ Dans une poêle chaude, faites revenir l'échalote émincée 30 secondes dans l'huile d'olive sur feu vif. Ajoutez les champignons, poursuivez la cuisson à feu vif pendant 1 minute en mélangeant. Versez le vin blanc, laissez évaporez 1 minute. Versez 25 cl d'eau, ajoutez le cube de bouillon de légumes. Portez à ébullition, couvrez, baissez le feu et laissez cuire 10 minutes à feu doux. Versez ce mélange dans le bol du robot mixeur avec la crème et mixez finement. Versez la crème de champignons dans un plat à four.

❒ Précuisez les pâtes 10 minutes dans l'eau bouillante en les déplaçant délicatement pour ne pas les abîmer. Égouttez-les et rincez-les à l'eau froide.

❒ Préchauffez le four à 180 °C (th. 6).

❒ Coupez les escalopes de poulet en gros morceaux et placez-les dans le bol du robot mixeur (inutile de le nettoyer après le mixage de la crème de champignons) avec les tomates séchées, l'œuf et le piment d'Espelette. Salez et mixez bien cette préparation.

❒ Formez des petites boulettes de la taille d'une noix avec cette farce et garnissez les conchiglioni. Déposez-les dans le plat contenant la crème de champignons. Enfournez pour 25 minutes. Servez.

GRATIN DE PENNE À LA MIMOLETTE

POUR 4 PARTS • PRÉPARATION : 15 MIN • CUISSON : 27 MIN

200 g de penne + 20 cl de crème liquide + 100 g de mimolette + 1 boîte de petits pois de 400 g + 1 pincée de paprika + sel, poivre

❒ Portez à ébullition 3 l d'eau salée. Ajoutez les pâtes et faites-les cuire environ 12 minutes (elles doivent rester *al dente*). Égouttez-les et versez-les dans un saladier.

❒ Préchauffez le four à 210 °C (th. 7). Égouttez les petits pois. Râpez la mimolette. Ajoutez les petits pois et la crème dans les pâtes. Salez, poivrez, ajoutez 1 pincée de paprika et mélangez délicatement.

❒ Étalez le contenu du saladier dans un plat allant au four. Couvrez de mimolette râpée.

❒ Faites gratiner au four pendant 15 minutes environ et dégustez chaud.

ENDIVES AU GRATIN, BÉCHAMEL SUPER SIMPLE

POUR 4 PARTS • PRÉPARATION : 20 MIN • CUISSON : 35 MIN

8 endives + 8 fines tranches de jambon + 80 g de comté râpé
50 cl de lait demi-écrémé + 35 g de Maïzena + 20 g de beurre + le jus de ½ citron
1 pincée de noix de muscade + sel, poivre

❒ Rincez les endives, coupez-les en deux dans le sens de la hauteur. Arrosez-les de jus de citron et faites-les cuire 15 minutes à la vapeur. Laissez égoutter et tiédir.

❒ Mélangez le lait froid et la Maïzena dans une casserole. Salez, poivrez, ajoutez la noix de muscade. Portez à ébullition en mélangeant à l'aide d'un fouet. Laissez bouillir 1 minute et retirez du feu. Ajoutez le beurre et la moitié du comté râpé.

❒ Préchauffez le four à 180 °C (th. 6). Roulez deux demi-endives dans chaque tranche de jambon et rangez-les dans un plat. Nappez de sauce, saupoudrez de comté et faites gratiner 15 minutes au four.

BOULETTES DE POULET

POUR 4 PARTS • PRÉPARATION : 15 MIN • CUISSON : 30 MIN

400 g de blanc de poulet + 1 bouquet de coriandre + 1 bouquet de persil + 1 gousse d'ail
1 oignon + 1 œuf + le jus de 1 citron + sel, poivre du moulin

❒ Préchauffez le four à 180 °C (th. 6).

❒ Pelez et hachez finement la gousse d'ail et l'oignon. Lavez et hachez finement la coriandre et le persil. Hachez finement le poulet au couteau puis ajoutez l'œuf, les herbes, l'ail et l'oignon. Rectifiez l'assaisonnement et mélangez bien le tout.

❒ Formez des boulettes et mettez-les dans un plat allant au four.

❒ Enfournez pour 30 minutes en arrosant de jus de citron à mi-cuisson.

PAPILLOTES DE SAUMON

POUR 6 PARTS • PRÉPARATION : 20 MIN • CUISSON : 15 À 20 MIN

6 pavés de saumon + 3 courgettes + 60 g de fromage blanc + 6 pincées de ciboulette
2 citrons + 3 tomates + 6 cuil. à soupe d'huile d'olive + sel, poivre

- Préchauffez le four à 180 °C (th. 6).
- Froissez 6 feuilles de papier sulfurisé et passez-les sous l'eau tiède pour les ramollir.
- Sur chaque feuille, posez ½ courgette coupée en rondelles, mettez les pavés de saumon par-dessus, salez et poivrez. Ajoutez 1 cuillerée à soupe de fromage blanc et une pincée de ciboulette dans chaque papillote, puis disposez sur le poisson 2 rondelles de citron et ½ tomate coupée en rondelles. Versez dessus un filet d'huile.
- Refermez les papillotes comme pour faire une aumônière avec une ficelle de cuisine ou une fine tige de poireau.
- Posez le tout sur une plaque et enfournez pour 15 à 20 minutes.

KEBAB DE BOULETTES

POUR 4 PARTS • PRÉPARATION : 12 MIN • REPOS : 15 MIN • CUISSON : 15 MIN

450 g de viande de bœuf hachée + 450 g de viande d'agneau (non grasse) hachée
1 oignon + 4 gousses d'ail épluchées + le jus de 1 citron vert + ½ cuil. à café de cumin
1 à 2 cuil. à soupe de poudre de sumac + 1 cuil. à café de poivre fraîchement moulu
1 cuil. à café de sel fin + 4 pains pita (facultatif)

❐ Placez la viande dans le bol d'un robot et hachez-la de nouveau. À part, hachez finement l'oignon et les gousses d'ail.

❐ Mélangez le tout et arrosez de jus de citron. Ajoutez le cumin. Salez et poivrez en goûtant pour rectifier l'assaisonnement.

❐ Couvrez de film alimentaire et réservez 15 min au réfrigérateur.

❐ Formez des boulettes avec les mains et embrochez-les. Déposez les brochettes sur la lèchefrite du four et enfournez à 220 °C (th. 7-8) pour 15 min environ. Retournez les brochettes eà mi-cuisson.

❐ À leur sortie, saupoudrez-les de sumac et servez très chaud dans des pains pita ou sur des assiettes, avec, par exemple, du riz safrané.

POULET CAJUN À L'ANANAS

POUR 4 PARTS • PRÉPARATION : 10 MIN • CUISSON : 25 MIN

4 escalopes de poulet + 8 tranches d'ananas en boîte ou ½ ananas frais + 1 oignon
1 cube de bouillon de volaille dégraissé + 1 cuil. à soupe de mélange d'épices cajuns (ou mexicaines) + 1 cuil. à soupe de farine + 1 cuil. à soupe d'huile neutre

❒ Coupez les escalopes de poulet en morceaux. Émincez l'oignon. Égouttez les tranches d'ananas et coupez-les en quatre. Si vous utilisez de l'ananas frais, retirez la peau, le cœur et coupez la chair en morceaux.

❒ Dans une sauteuse, une cocotte ou un wok, faites chauffez l'huile et faites revenir l'oignon émincé et les morceaux de poulet à feu vif pendant 5 minutes, sans cesser de mélanger. Ajoutez les morceaux d'ananas et les épices. Mélangez.

❒ Saupoudrez de farine et mélangez bien de façon à en enrober la préparation. Versez 50 cl d'eau, ajoutez le bouillon cube, mélangez. Portez à ébullition et couvrez. Laissez mijoter à feu doux 20 minutes en mélangeant de temps en temps. Goûtez pour ajuster l'assaisonnement (sel, poivre, épices).

HUEVOS RANCHEROS

POUR 4 PARTS • PRÉPARATION : 5 MIN • CUISSON : 10 MIN

4 œufs (ou 8 pour un plat plus copieux) + 400 g de haricots rouges en boîte
400 g de pulpe de tomates en boîte + 140 g de maïs en boîte + 1 oignon rouge ou jaune
1 cuil. à soupe d'huile d'olive + 1 cuil. à soupe de coriandre + 2 cuil. à café de mélange d'épices mexicaines (ou à défaut de paprika, piment, coriandre) + 2 cuil. à café de cumin en poudre + sel

❐ Pelez et émincez l'oignon. Faites-le revenir 1 minute à feu vif dans une poêle avec l'huile d'olive. Ajoutez la pulpe de tomates et les épices. Mélangez et continuez la cuisson 1 minute à feu vif.

❐ Égouttez et rincez les haricots rouges et le maïs. Ajoutez-les dans la poêle, salez légèrement, couvrez, baissez le feu et laissez mijoter 5 minutes.

❐ Cassez les œufs sur cette préparation, salez légèrement, couvrez et poursuivez la cuisson 3 minutes. Servez sans attendre.

PULLED BEEF

POUR 6 PARTS • PRÉPARATION : 10 MIN • CUISSON : 5 H

1,2 kg de joue de bœuf + 100 g de sauce barbecue + 50 g de miel toutes fleurs
50 cl de bouillon de bœuf + 1 bouquet garni + huile + sel, poivre

❒ Préchauffez le four à 120 °C (th. 4). Mélangez le miel et la sauce barbecue à 1 généreuse cuillerée à soupe d'huile. Salez et poivrez à votre convenance.

❒ Badigeonnez le morceau de joue de bœuf de la préparation de miel et sauce barbecue. Disposez-le dans une cocotte puis ajoutez le bouillon de bœuf et le bouquet garni.

❒ Couvrez et enfournez pour 5 heures en prenant soin d'arroser la viande toutes les heures avec le jus de cuisson. Une fois la cuisson terminée, sortez la cocotte du four puis effilochez la viande à l'aide de 2 fourchettes en suivant le sens de la fibre.

Cette recette peut se déguster aussi bien dans un pain à burger que dans une tortilla à taco, mais également en plat avec du riz.

SPAGHETTI BOLOGNAISES ULTRA SIMPLES

POUR 4 PARTS • PRÉPARATION : 10 MIN • CUISSON : 20 MIN

240 g de spaghettis + 150 g de viande hachée + 400 g de tomates concassées en boîte
1 poivron rouge coupé en cubes + 1 oignon émincé + 1 branche de céleri + 1 gousse d'ail
coupée en deux + 2 branches de thym + 4 feuilles de basilic + 2 feuilles de laurier
sel, poivre

❒ Mettez tous les ingrédients dans une cocotte, versez 75 cl d'eau et portez à ébullition.

❒ Baissez le feu aux premiers bouillons. Salez et poivrez à votre goût. Laissez cuire une quinzaine de minutes à découvert, en remuant régulièrement.

❒ N'hésitez pas à ajouter un peu de liquide et à prolonger la cuisson si nécessaire.

❒ Servez bien chaud.

GRATIN DE PAIN DE MIE AU BŒUF HACHÉ

POUR 6 PARTS • PRÉPARATION : 20 MIN • CUISSON : 25 À 30 MIN

10 à 12 tranches de pain de mie + 500 g de bœuf haché + 1 oignon + 1 poivron rouge
1 courgette + ¼ de cuil. à café de curcuma + 1 cuil. à café de gingembre + 1 cuil. à café de cumin + 1 cuil. à soupe de paprika + 20 cl de sauce tomate + ½ botte de coriandre
2 boules de mozzarella + 1 poignée de fromage râpé + 1 filet d'huile d'olive + sel, poivre
Pour la fausse béchamel : 3 triangles de Vache qui rit + 50 cl de lait
200 g de fromage râpé

❒ Préchauffez le four à 180 °C (th. 6). Hachez l'oignon, le poivron et la courgette.

❒ Dans une poêle, mettez l'huile d'olive à chauffer, puis ajoutez les légumes et faites-les revenir 4 minutes.

❒ Faites un peu de place au centre de la poêle, ajoutez 1 cuillerée à soupe d'huile et faites rissoler la viande hachée en l'écrasant. Ajoutez aussitôt le sel, les épices et mélangez le tout. Ajoutez la sauce tomate, la coriandre hachée et 40 cl d'eau, tout en mélangeant. Laissez cuire sur feu doux 4 minutes environ puis retirez du feu.

❒ Aplatissez les tranches de pain de mie au rouleau à pâtisserie. Tapissez le fond d'un plat à gratin avec une couche de pain de mie en le recoupant si besoin. Déposez par-dessus la moitié de la garniture, étalez-la, puis ajoutez la mozzarella. Saupoudrez de fromage râpé, puis recommencez : une couche de pain de mie, le reste de garniture, du fromage râpé et recouvrez de pain de mie.

❒ Préparez la fausse béchamel. Dans un saladier, mettez la Vache qui rit, le lait et mélangez au fouet, puis ajoutez le fromage râpé.

❒ Étalez ce mélange sur le gratin, puis enfournez pour 15 à 20 minutes afin de faire gratiner.

TOURTE AU BŒUF HACHÉ

POUR 6 PARTS • PRÉPARATION : 20 MIN • CUISSON : 20 À 25 MIN

300 g de viande de bœuf hachée + 3 oignons émincés + 1 poivron rouge émincé
1 poivron vert émincé + 2 tomates + 1 cuil. à soupe de paprika + 1 cuil. à café de gingembre en poudre + ½ cuil. à café de curcuma + 2 rouleaux de pâte à pizza
200 g de fromage râpé + 4 cuil. à soupe d'huile d'olive
+ un peu pour la cuisson + sel, poivre
Pour la dorure : 1 jaune d'œuf + 2 cuil. à soupe de lait

- Préchauffez le four à 175 °C (th. 6).
- Dans une cocotte, mettez l'huile d'olive à chauffer, ajoutez les oignons et le poivron émincé, salez et poivrez légèrement, puis mélangez avec une cuillère en bois 5 minutes tout en surveillant.
- Ajoutez la viande hachée et un peu d'huile si nécessaire, mélangez puis ajoutez les tomates coupées en petits cubes et les épices, salez et laissez cuire 5 minutes environ.
- Réservez la préparation dans une assiette et laissez-la complètement refroidir.
- Étalez un premier rouleau de pâte sur une plaque de cuisson recouverte de papier sulfurisé.
- Ajoutez une poignée de fromage râpé sur la pâte, déposez la farce par-dessus et saupoudrez le reste de fromage.
- À l'aide d'un pinceau, humidifiez légèrement le pourtour de la pâte. Recouvrez avec le second rouleau en pressant les bords avec les doigts pour souder la tourte.
- Préparez la dorure. Mélangez le jaune d'œuf et le lait avec une fourchette, étalez le mélange sur la tourte avec un pinceau et faites 3 petits trous avec une pique.
- Enfournez pour 20 à 25 minutes.

NOUILLES THAÏES VÉGÉS

POUR 4 PARTS • PRÉPARATION : 5 MIN • CUISSON : 7 MIN

300 g de nouilles de blé instantanées + 2 carottes + 200 g de haricots plats
200 g de tofu + ⅓ de botte de basilic + 3 branches de cive + 4 cuil. à soupe de sauce soja
1 filet d'huile d'olive + sel, poivre

❒ Épluchez et hachez les carottes. Coupez le tofu en morceaux. Équeutez les haricots.

❒ Faites revenir les carottes, les haricots et le tofu à la poêle avec l'huile d'olive pendant 3 minutes.

❒ Ciselez le basilic et émincez la cive.

❒ Versez dans la poêle 50 cl d'eau, les nouilles, la sauce soja et faites mijoter 4 minutes.

❒ Mélangez les ingrédients et parsemez de basilic et de cive au moment de servir.

PIZZA AU POULET

POUR 4 PARTS • PRÉPARATION : 20 MIN • CUISSON : 25 MIN

180 g de blancs de poulet + 2 oignons + 1 poivron vert + 2 tomates + ½ botte de coriandre hachée + 12 olives coupées en rondelles + 1 rouleau de pâte à pizza + 15 cl de coulis de tomate + 150 g de fromage râpé + 4 cuil. à soupe d'huile d'olive + sel, poivre

❒ Préchauffez le four à 180 °C (th. 6).

❒ Dans une poêle, mettez l'huile d'olive à chauffer, ajoutez le poulet coupé en petits cubes, les oignons émincés, le poivron émincé, puis salez et poivrez selon votre goût. Faites cuire 4 à 5 minutes en mélangeant de temps en temps avec une cuillère en bois.

❒ Ajoutez les tomates coupées en petits cubes, la coriandre fraîche, les olives coupées en rondelles et faites cuire 2 minutes. Réservez la préparation sur une assiette pour la laisser refroidir.

❒ Étalez la pâte à pizza sur une plaque recouverte de papier sulfurisé. Tartinez-la avec le coulis de tomate et déposez la garniture dessus en prenant soin de répartir les ingrédients. Saupoudrez de fromage râpé et enfournez pour 20 minutes environ.

LASAGNE À LA BOLOGNAISE

POUR 7 PARTS • PRÉPARATION : 20 MIN • CUISSON : 45 MIN

12 feuilles de lasagne + 250 g de fromage râpé + 10 cl de crème liquide
Pour la bolognaise : 500 g de bœuf haché + 250 g de tomates pelées
1 oignon haché + 1 poignée de coriandre hachée + 1 cuil. à soupe de cumin
1 cuil. à soupe de gingembre + 1 cuil. à soupe de paprika + 1 cuil. à soupe d'huile d'olive
1 pincée de sel + 1 pincée de poivre

❒ Préchauffez le four à 180 °C (th. 6).

❒ Préparez la bolognaise. Dans une cocotte, mettez l'huile d'olive à chauffer et faites revenir la viande hachée 5 minutes, à feu doux, en mélangeant avec une cuillère en bois.

❒ Ajoutez l'oignon émincé, la coriandre, le sel, le poivre, le cumin, le gingembre, le paprika et les tomates pelées avec leur jus. Remplissez la boîte des tomates avec de l'eau (25 cl environ), versez-la sur la viande, puis faites mijoter 10 minutes à feu moyen.

❒ Dans un saladier, mélangez le fromage râpé et la crème.

❒ Dans un plat à gratin, mettez une louche de bolognaise, recouvrez avec 4 feuilles de lasagne, ajoutez la moitié de la bolognaise par-dessus, déposez 4 feuilles de lasagne, ajoutez le reste de bolognaise et recouvrez avec 4 feuilles de lasagne. Étalez le mélange au fromage en surface.

❒ Enfournez pour 30 minutes environ.

❒ Laissez tiédir et servez avec une salade verte.

BRICKS DE POMMES

POUR 4 PARTS • PRÉPARATION : 10 MIN • CUISSON : 15 MIN

8 feuilles de brick + 6 pommes + 1 poignée de noix de macadamia
12 cuil. à soupe de miel + 1 cuil. à café de quatre-épices

❐ Préchauffez le four à 180 °C (th. 6).

❐ Épluchez les pommes, videz-les et coupez-les en morceaux. Concassez les noix de macadamia.

❐ Étalez 4 feuilles de brick et badigeonnez-les de miel. Recouvrez avec les 4 feuilles restantes. Disposez les pommes et les noix au centre. Versez le restant de miel par dessus et parsemez de quatre-épices.

❐ Pliez les feuilles de brick, disposez-les sur une plaque de cuisson et enfournez pour 15 minutes.

PANNA COTTA

POUR 6 PARTS • PRÉPARATION : 5 MIN • CUISSON : 1 H • RÉFRIGÉRATION : 3 H

6 blancs d'œufs + 30 cl de lait entier + 20 cl de crème liquide entière + 1 gousse de vanille
70 g de sucre en poudre

❒ Préchauffez le four à 120 °C (th. 4).

❒ Dans un saladier, mélangez les blancs d'œufs et le sucre sans les faire mousser. Réservez.

❒ Fendez la gousse de vanille en deux dans la longueur et grattez les graines à l'aide d'un couteau pointu. Dans une casserole, portez doucement à ébullition le lait et la crème avec les graines de vanille. Versez ce mélange bouillant en filet dans les œufs en fouettant.

❒ Filtrez la préparation et répartissez-la dans 6 verres ou ramequins résistants à la chaleur. Posez-les dans un grand plat rempli d'eau bouillante à mi-hauteur. Enfournez et laissez cuire 1 heure.

❒ À la sortie du four, les panna cotta doivent être encore tremblotantes. Laissez-les refroidir à température ambiante, puis mettez-les au réfrigérateur pour au moins 3 heures.

❒ Servez avec un coulis de fruits ou un filet de caramel.

SALADE DE PRUNES, POMMES, KIWIS AUX AMANDES CARAMÉLISÉES

POUR 4 PARTS • PRÉPARATION : 5 MIN • CUISSON : 3 MIN

4 cuil. à soupe de fromage blanc à 0 % + 4 prunes coupées en demi-lunes
2 pommes non pelées coupées en fines demi-lunes + 2 kiwis coupés en rondelles
1 cuil. à soupe de graines de grenade + 1 cuil. à soupe de canneberges
Pour les amandes caramélisées : 2 cuil. à soupe d'amandes
1 cuil. à soupe de sucre roux en poudre

- Préparez les amandes caramélisées : dans une poêle sur feu doux, mettez le sucre, au bout de 1 minute, ajoutez 2 cuillerées à soupe d'eau tiède, attendez que le caramel liquide se forme et ajoutez les amandes, puis sortez-les du feu et mélangez. Versez la préparation sur du papier sulfurisé et attendez qu'elle refroidisse.
- Disposez sur les assiettes le fromage blanc, les prunes, pommes et kiwis, les graines de grenade, les canneberges et parsemez d'amandes caramélisées.

CAKE ANTILLAIS

POUR 6 PARTS • PRÉPARATION : 20 MIN • CUISSON : 45 MIN

225 g de farine + 200 g de sucre roux en poudre + 4 œufs + 2 cuil. à soupe de crème fraîche + 60 g de beurre + 4 cuil. à soupe de rhum ambré + 1 sachet de levure chimique 2 tranches d'ananas confit + 1 cuil. à soupe de cannelle en poudre + sel

❒ Préchauffez le four à 180 °C (th. 6). Battez vivement les œufs avec le sucre dans un bol jusqu'à ce que le mélange devienne jaune pâle et mousseux. Faites fondre doucement le beurre dans une petite casserole, puis ajoutez la crème, la cannelle et une pincée de sel.

❒ Ajoutez au mélange précédent et mélangez jusqu'à obtenir une consistance homogène. Incorporez petit à petit 200 g de la farine tamisée avec la levure. Versez enfin le rhum et mélangez intimement.

❒ Coupez les tranches d'ananas confit en petits dés et roulez-les dans la farine restante. Ajoutez à la pâte et mélangez. Versez le tout dans un moule à cake tapissé de papier sulfurisé et faites cuire pendant 45 minutes.

❒ Sortez le cake du four et démoulez-le sur une grille. Laissez-le refroidir complètement avant de le couper en tranches et de le servir.

CAKE CHOCO-PRALINÉ

POUR 6 PARTS • PRÉPARATION : 15 MIN • CUISSON : 45 MIN

120 g de beurre + 50 ml d'huile + 2 cuil. à soupe de praliné (40 g environ) + 4 œufs
160 g de sucre de canne + 100 g de farine de blé T55 ou de crème d'avoine
100 g de farine de noisette + ½ sachet de levure chimique
2 cuil. à soupe de cacao en poudre + sel

❒ Préchauffez le four à 180 °C (th. 6). Faites fondre le beurre, puis laissez-le refroidir à température ambiante. Ajoutez-y l'huile et le praliné.

❒ Séparez les blancs d'œufs des jaunes. Montez les blancs en neige et, à mi-chemin, ajoutez une pincée de sel pour les raffermir. Réservez dans un bol au frais.

❒ Versez dans le bol d'un robot toutes les matières sèches : sucre, farine de blé, farine de noisette, levure et cacao. Mélangez à vitesse moyenne. Ajoutez les jaunes d'œufs, les matières grasses et mélangez intimement.

❒ Si vous disposez de peu de temps, remplissez un moule à cake rectangulaire préalablement tapissé de papier sulfurisé. Sinon, répartissez la pâte dans des moules individuels remplis aux deux tiers de la hauteur.

❒ Enfournez 45 minutes pour le grand cake, 20 minutes pour les petits.

CRUMBLE AUX PRUNES

POUR 4 PARTS • PRÉPARATION : 10 MIN • CUISSON : 15 À 20 MIN

600 g de petites prunes + 80 g de poudre d'amandes + 80 g de farine de blé T65
40 g de sirop d'agave + 20 g de sucre blond + 3 cuil. à soupe d'huile d'olive
+ un peu pour le moule + 1 pincée de bicarbonate alimentaire + 1 pincée de sel

❒ Préchauffez le four à 180 °C (th. 6).

❒ Rincez les prunes et dénoyautez-les. Répartissez-les dans un plat légèrement huilé de 22 cm de diamètre.

❒ Mélangez dans un saladier la poudre d'amandes, la farine, le sucre, le bicarbonate et le sel. Ajoutez le sirop d'agave et l'huile, puis mélangez grossièrement à la cuillère en bois. La pâte doit être bien granuleuse et surtout pas homogène.

❒ Répartissez la pâte sur les prunes puis enfournez pour 15 à 20 minutes. Laissez tiédir, voire refroidir avant de déguster.

CRÈMES DESSERTS AU CHOCOLAT

POUR 6 PARTS • PRÉPARATION : 15 MIN • CUISSON : 5 MIN • RÉFRIGÉRATION : 4 H

75 cl de lait entier ou de lait de soja vanillé + 150 g de chocolat noir pâtissier
60 g de Maïzena + 40 g de sucre vanillé

- Dans une casserole, faites fondre le chocolat à feu doux dans 60 cl de lait.
- Mélangez dans un saladier la Maïzena et le sucre vanillé. Délayez avec le lait restant. Versez le lait chocolaté en filet, sans cesser de mélanger.
- Reversez le tout dans la casserole et faites chauffer à feu doux pendant 2 minutes, sans cesser de mélanger, jusqu'à ce que le mélange épaississe.
- Si des grumeaux se forment, mixez brièvement la crème à l'aide d'un mixeur plongeant.
- Répartissez la crème dans 6 ramequins et recouvrez de film étirable en contact direct avec la crème afin d'éviter la formation d'une peau en surface.
- Laissez refroidir au moins 4 heures au réfrigérateur.

BANANA BREAD

POUR 6 PARTS • PRÉPARATION : 10 MIN • CUISSON : 35 MIN

3 bananes bien mûres + 100 g de compote de pommes (ou de poires) sans sucre ajouté (ou faite maison, encore mieux) + 100 g de farine de sarrasin + 100 g de fécule de maïs 2 œufs + 30 g de sucre en poudre complet + 1 sachet de levure

- Préchauffez le four à 180 °C (th. 6).
- Pelez et écrasez les bananes. Ajoutez la compote de pommes et mélangez bien. Ajoutez les œufs et le sucre, mélangez à nouveau et enfin ajoutez la farine de sarrasin, la fécule de maïs et la levure.
- Mélangez et versez dans un moule à cake antiadhésif ou chemisé de papier sulfurisé. Enfournez pour 35 minutes.

CHEESE-CAKE AUX SPÉCULOOS

POUR 6 PARTS • PRÉPARATION : 30 MIN • CUISSON : 35 MIN

400 g de fromage blanc + 3 œufs + 80 g de fécule de maïs + 50 g de sucre en poudre
1 sachet de sucre vanillé + 4 spéculoos + sel

❒ Préchauffez le four à 150 °C (th. 5). Émiettez les spéculoos. Séparez les jaunes d'œufs des blancs.

❒ Fouettez les jaunes d'œufs avec le sucre en poudre afin d'obtenir un mélange mousseux. Ajoutez la fécule, le sucre vanillé, mélangez, puis incorporez le fromage blanc et les miettes de spéculoos.

❒ Montez les blancs d'œufs, additionnés de 1 pincée de sel, en neige très ferme. Incorporez-les délicatement au mélange précédent.

❒ Versez dans un moule et faites cuire 35 minutes. Dégustez tiède ou froid sans démouler.

POMMES AU FOUR

POUR 6 PARTS • PRÉPARATION : 30 MIN • CUISSON : 30 À 40 MIN

6 pommes à cuire + 60 de beurre + un peu pour le plat
6 cuil. à soupe de sucre en poudre + 4 petites tranches de pain brioché ou de pain de mie
4 cuil. à soupe de gelée de groseilles

❒ Préchauffez le four à 180 °C (th. 6). Beurrez un plat à gratin juste assez grand pour y ranger les pommes.

❒ Lavez et essuyez les pommes, puis retirez le cœur et les pépins avec un vide-pomme. Coupez légèrement la base pour les stabiliser, puis incisez la peau circulairement à mi-hauteur avec la pointe d'un petit couteau.

❒ Rangez les pommes côte à côte dans le plat, glissez 1 cuillerée à soupe de sucre et autant de beurre dans le creux des fruits et versez 3 ou 4 cuillerées d'eau dans le plat. Enfournez pour 30 à 40 minutes de cuisson.

❒ Un peu avant la fin de la cuisson, faites dorer les tranches de pain brioché à la poêle, avec le reste de beurre, en les retournant une fois. Mettez-les sur un plat et enduisez-les de gelée de groseilles.

❒ Sortez les pommes du four et posez-en une sur chaque toast. Servez chaud ou tiède.

INDEX

RECETTES :

Alice Greetham, 14, 24, 86, 182 / **Annabelle Schachmes**, 147, 149, 164 / **Birgit Dahl**, 20 **Céline de Cérou**, 12, 44, 89, 140 / **Céline Espinasse, Sandrine Bridoux, Judith Samana-Patte**, 65 / **Céline Mennetrier**, 36, 80 / **Dorian Nieto**, 16, 52, 62, 66, 74, 78, 79, 102, 103, 104, 121, 125, 126, 166, 177 / **Emilie Laraison**, 23, 28, 30, 35, 37, 38, 76, 82, 114, 115, 118, 128, 139, 142, 185 / **Estérelle Payany**, 176, 184 / **Ingrid Bernard**, 26, 45, 83 / **Karen Fingerhut** et **Olivier Rouault**, 17, 51 / **Laura Annaert**, 34, 59, 64, 180 / **Lucie Dauchy**, 56 / **Marion Beilin**, 22 / **Martine Lizambard**, 131, 188 / **Nathalie Helal**, 158 / **Rabah Admi**, 18, 46, 50, 54, 60, 157, 165, 170, 171, 172 / **Rebecca Leffler**, 10 / **Stéphanie Jouan**, 48, 68, 70, 72, 73, 90, 98, 99, 106, 108, 116, 134, 144, 150, 160, 162 / **Sylvie Girard Lagorce**, 130, 178 / **Valéry Guedes**, 92, 94, 96, 132, 156 / **Véronique Liégeois**, 8, 32, 40, 58, 84, 88, 100, 110, 111, 112, 136, 146, 152, 154, 186 / **Vincent Amiel**, 42, 120, 138, 148, 168, 174 / **Zoé Armbruster**, 6, 13, 122, 124.

PHOTOGRAPHIES ET STYLISME :

Amandine Honegger, Sylvie Rost, 22, 65, 110, 111, 112, 146, 155 / **Anne Bergeron & Manuela Chantepie**, 21 / **Bernard Radvaner**, 17, 51 / **Bernard Radvaner & Motoko Okuno**, 176, 179, 184 / **Céline de Cérou**, 12, 19, 44, 47, 50, 55, 61, 89, 141, 157, 165, 170, 171, 173 / **Claire Curt & Pauline Ricard-André**, 34, 59, 64, 181 / **Claire Payen & Silvia Santucci**, 11 / **Claire Payen & Vincent Amiel**, 43, 120, 138, 148, 169, 175 / **Dorian Nieto**, 16, 53, 63, 67, 75, 78, 79, 102, 103, 105, 121, 125, 127, 131, 167, 177 / **Emilie Franzo** et **Annabelle Schachmes**, 147, 149, 164 / **Emilie Laraison**, 9, 23, 29, 31, 33, 35, 37, 39, 41, 77, 82, 85, 88, 114, 115, 119, 129, 137, 139, 143, 185 / **Guillaume Czerw & Natacha Arnoult**, 189 / **Guillaume Czerw & Sophie Dupuis-Gaulier**, 81, 130, 159 / **Ingrid Bernard**, 27, 45, 83 / **Julie Bienvenot**, 87, 183, 15, 25 / **Stéphanie Jouan**, 49, 69, 71, 72, 73, 91, 98, 99, 107, 109, 117, 135, 145, 151, 161, 163 / **Valéry Guedes**, 36, 58, 93, 95, 97, 101, 133, 153, 156, 187 / **Valéry Guedes & Lucie Dauchy**, 57 / **Zoé Armbruster**, 7, 13, 123, 124.

Directeur éditorial : **Didier Férat**
Édition : **Marjorie Goussu**
Graphisme : **Julia Philipps**
Fabrication : **Laurence Duboscq**
Photogravure : **Nord Compo**

92 avenue de France, 75013 Paris

MIXTE
Papier issu de sources responsables
FSC® C003309

ISBN : 978-2-263-17187-1

Code éditeur : L17187

Dépôt légal : août 2020

Imprimé en Espagne par Macrolibros